육백 년의 숨결을 담다

육백 년의 숨결을 담다

해미읍성은 지금도 여전히 살아 숨 쉬고 있다

김가연 시집

도서출판 가야

시인의 말

  당신을 걷는 동안 풀벌레 울음을 건져 올리기도 하고 밤하늘 빈터를 서성이는 별의 이름을 부르기도 하면서 여기까지 왔다. 당신의 살 속에는 서로 비추어 일어서는 혼불이 있다. 맑은 영혼 부르는 생령이 있다. 그리고 당신은 도처에 있다. 둥그런 당신의 품에 다시 육백 년의 숨결을 쌓는다.

2022년 10월

김가연

차례

해미읍성은 지금도 여전히 살아 숨쉬고 있다
육백 년의 숨결을 담다

시인의 말 005

해미海美 • 012 / 예언의 땅 • 014 / 문을 열다 • 016 / 성돌 • 018 / 해미현 • 020 / 육백 년의 숨결을 담다 • 022 / 각자석 • 024 / 자리갯돌 • 026 / 축성완료 • 028 / 남문중수 • 030 / 해미병영성 • 032 / 민초가 쌓은 성 • 034 / 한티고개 • 036 / 옥사가는 길 • 038 / 청허정 • 040 / 책실 • 042 / 해자를 건너다 • 044 / 옛 우물 • 046 / 활터 • 048 / 유목의 계절 • 050 / 서산의 등대 • 052 / 활을 당기다 • 054 / 군사·행정의 중심 • 056 / 내륙으로 들어서는 관문 • 058 / 법인국사 탄문 • 060 / 3.1운동의 주무대 • 062 / 죄인 처형장소 • 064 / 겸영장 • 066 / 성을 정비하다 • 068 / 정비공사완료 • 070

해미읍성 • 074 / 돌탑을 쌓다 • 076 / 충무공 이순신 • 078 / 내포 동학농민군 최후 전투지 • 080 / 기도가 끝나고 • 082 / 성벽의 혼례 • 084 / 성 밖 아이들 • 086 / 해미천 사랑교 • 088 / 안길을 걷다 • 090 / 감꽃피다 • 092 / 그런 생각을 한 적 있습니다 • 094 / 탱자나무 • 096 / 해미천에 발을 씻고 • 098 / 해미읍성 찔레꽃 • 100 / 돌의 심장 • 102 / 꿈꾸는 돌 • 104 / 해미의 부뚜막 • 106 / 북쪽하늘 • 108 / 천수만 물소리 • 110 / 기다리는 사람 • 112 / 해미읍성의 달 • 114 / 한티고개 저녁해 • 116 / 그날의 기억 • 118 / 해미천 벚꽃 • 120 / 개심사 풍경소리 • 122 / 축제의 시간 • 124

해미읍성은 지금도 여전히 살아 숨쉬고 있다
육백 년의 숨결을 담다

해미 첫 순교자 • 128 / 새 • 130 / 당신으로 하여 • 132 / 목숨 다하여 • 134 / 해미의 눈동자 • 136 / 무명의 이름에게 • 138 / 자리개질 • 140 / 진둠벙 • 142 / 서문 밖 자리갯돌 • 144 / 호야나무 눈빛 • 146 / 해미순교성지 • 148 / 여숫골 • 150 / 순교의 길 • 152 / 무명 유해발굴 • 154 / 아파하라 슬퍼하라 • 156 / 눈부신 당신 • 158 / 흰 밤 • 160 / 귓속말 • 162 / 순례길 • 164 / 교황 프란치스코 해미 방문 • 166 / 새벽기도 • 168 / 해미읍성의 영혼 • 170 / 성모마리아 • 172 / 재회 • 174 / 국제 성지가 되다 • 176

해설 신성한 피의 제단을 그린 추상화 신익선 문학평론가 • 181

육백 년의 숨결을 담다

육백 년의 숨결을 담다

피	묻은	돌이
손톱을	찢었다	

해미
海美

―

Haemie

멀고 아득한,
그러나 끝내 가 닿아야 할 당신은
우뚝한 나의 표상입니다

뼈는 삭고 살은 물이 되어도
이십일만구천 날 당신을 마주합니다

깊고 어두운 침묵 속에 계시는
당신은 나의 뿌리입니다

설령 이 길의 끝 알지 못한다 해도
눈비 내 몸 지나간 후에도

청허정 솔밭에 흰 뼈를 묻고
나는 오로지 당신을 기다립니다

Far and far away
But in the end, you have to reach it
You are my high representation

Even if the bones become dry and the flesh turns to water
Twenty-nine thousand days I will face you

You are my root
in the deep dark silence

Even if I don't know the end of this road
Even after snow and rain pass my body

Bury white bones in the pine fields of Cheongheojeong Pavilion
I will only wait for you

김가연 / 육백 년의 숨결을 담다

예언의 땅

Land of Prophecy

그때 우리는
말하여지지 않은 서툰 몸짓이었습니다

서로의 눈빛으로
마냥 설레던 다짐이었습니다

마음만으로 다할 순 없지만
마음을 더하던 기다림이었습니다

새들이 흘리고 간 저녁이었다가
성벽에 갇힌 돌이었다가

수없이 불러보는
간절한 눈빛이었습니다

먼저 간 이름 위로
아직 태어나지 않은 아이 얼굴이 겹쳐집니다

At that time
our gestures were ridiculously clumsy

A glance at each other's eyes
was an exciting promise

Only my heart is not enough
It was a heart-wrenching wait

It was the evening the birds shed
It was a stone imprisoned in the wall

Called out countless times
it was an earnest look

Above the name of the person who went first
The faces of the unborn child overlap

김가연 / 육백년의 숨결을 담다

문을 열다

Open door

　

무덤 속에서 발견된 남자는 전사였다

전투에서 한쪽 팔을 잃은 남자
옆구리에 찬 칼날이 시퍼렇게 빛난다

잘려나간 숨결이 남자의 몸을 덮는다
바람이 그의 심장을 뚫고 간다

남자의 눈이 한 곳에 박힌다

혼불 일어나 성으로 들어간다

마침내 해미읍성 육백 년 문을 연다

The man found in the tomb was a warrior

A man who lost one arm in battle
The blade on my side shines blue

The severed breath covers the man's body
The wind penetrates through his heart

The man's gaze is stuck in one place

The soul rises and enters the castle

Six hundred years door of Haemieupseong Fortress finally open

김가연 / 육백년의 숨결을 담다

성돌

A holy stone

하늘이 잘려나갔다
누이의 치맛자락 펄럭였다

시퍼런 칼날에
숨어 보는 충혈된 눈

들여다보면
가슴에 흐르는 물소리
풀밭의 나무뿌리 잠들어 있다

내 살 속에 일어서는 너의 숨소리

The sky was cut
My sister's skirt fluttered

Bloodshot eyes
lurking in a blue blade

If you look into it
the sound of water flowing in your chest
the tree roots in the grass are asleep

The sound of your breath rising in my flesh

김가연 / 육백 년의 숨결을 담다

해미현

Haemi
hyeon

1
The darkness that cuts
the lush soybean field and runs away
burns the village in tears with flames

Pine trees of Dangsan turned into charcoal
I clench my two fists

2
I closed my eyes and was blind
I can't even find death

like a branch of a tree
like the pillars of a house

The road grows again
towards the forest outside the road

Two villages that have lived since the Goryeo Dynasty
Jeong Hae-hyeon and Yeo Mi-hyeon

* 　　서산 해미읍성이 자리한 서산시 해미면과 운산면 일대는 고려~조선 전기까지 정해현貞海縣과 여미현余美縣이 각각 자리하였던 곳이다. 그런데 왜구로 인한 피해로 황폐화된 곳이 많아 두 고을을 합치고, 각 현의 명칭에서 한 글자씩을 따 해미현海美縣이라 이름 지었다.

1
무성한 콩밭을 자르고
도망가는 어둠이
불길로 눈물 속 마을을 태우네

숯이 된 당산 소나무
두 주먹 불끈 쥐네

2
눈을 꺾어 눈멀었네
죽음조차 찾지 못하네

한 나무의 가지처럼
한 집의 기둥처럼

길 밖 숲을 향해
다시 길이 자라네

고려 때부터 살아온
두 마을 정해현과 여미현

육백 년의
숨결을
담다

Capturing the
breath of
six hundred years.

오래전 우리는
해미천 물소리였습니다
마주 보던 눈짓이었습니다
솔밭을 그리는 손짓이었다가
성벽을 넘는 바람이었다가
길을 내고 길을 걷던 발소리였습니다
한 생을 두고 가슴 두드리는
서로의 숨결이었습니다

Long ago

we were the sound of water in the Haemicheon Stream

Looking at each other's eyes

Gestures of drawing a pine field

The wind that crossed the wall

The sound of footsteps paving the way

The Haemieupseong Fortress flag

It was each other's breath.

각자석
刻字石

Gakjaseok

온다, 내게로 온다

공주에서, 충주에서, 임천에서 달려와
내 몸이 된다

한밤중,
내 귀 열어 너의 심장 소리 듣는다
눈 감고 두고 온 것들을 생각한다

이슥토록 멈추지 않는 손에 붉은 피가 맺혔다

풀밭에서 물결 속에서 속삭인다
내가 모르는 내가 내 손을 잡는다

내 가슴에 발소리 내려놓고
또 한 생이 잠든다

Run from Gongju, Chungju, and Imcheon
and become my body

At midnight,
Open my ears to hear your heartbeat
Close my eyes and think of the things I left behind

Red blood splattered on my unstoppable hands

Whispers in the waves in the grass
'I' that I don't know holds my hand

I put down the sound of footsteps in my heart
and another life falls asleep

해미읍성에서 옛 모습이 그대로 남아 있는 것은 성곽과 진남문뿐이었다. 성곽을 쌓을 때에는 여러 고을의 백성이 동원되었다. 조선 전기 축성법에 따르면, 성을 쌓은 지 5년 안에 무너질 경우 법에 따라 축성을 감독한 관리를 논죄하도록 하는 등의 조치가 취해졌다. 때문에 성벽의 중간 중간에는 축성 때마다 동원된 사람들의 출신지를 새겨 그 책임을 다하도록 하였다. 해미읍성 남문 왼쪽 아래에는 "공주 백성이 쌓았다"는 글씨가 있고, 동문으로 가는 성벽 아래에는 "여기까지는 충주 백성이 쌓았고, 다음부터는 임천 백성이 쌓았다"고 새겨져 있다.

자리
갯돌

―

Jarigaetdol

죽어서 피는 꽃 있다

더는 견디지 못하고 더는 숨기지 못하고 무너져 내린 하늘 있다

서문 밖 풀밭에 누운 눈물자리

죽어서 피는 꽃 있다

더는 견디지 못하고
더는 숨기지 못하고

무너져 내린 하늘 있다

서문 밖 풀밭에 누운 눈물자리

Some flowers bloom when they die

It can't stand it anymore
It can't hide it anymore

The sky has fallen

Tears lying on the grass outside the west gate

김가연 ／ 육백 년의 숨결을 담다

축성
완료

—

Chukseong
Completed

돌 이전의 돌로
모래 이전의 모래로

강 이후의 강으로
사람 이후의 사람으로

시퍼렇게 살아오는
천둥 같은 북소리로

피맺힌 호흡 꿈틀대는
해미읍성의 새 아침

Stone before stone
Sand before sand

River after river
Person after person

With the sharpened sound
of drums like thunder

The bloody breath wriggling
A new morning at Haemieupseong Fortress

* 1421년(세종 3년)에 축성이 완료되었다. 해미읍성은 원래 왜구의 출몰에 대응하기 위한 군사적 목적으로 건축되었는데, 충청도 병마절도사가 이 성에 주둔한 것도 그 때문이다. 세조 때에 군사제도가 진관체제鎭管體制로 개편되었어도 이 역할은 여전하여 충청도 지역의 주요 군사거점으로서 역할을 수행하였다.

남문
중수

―

Nammun
Jungsu

눈빛 깨어 가야산 첫새벽 바라본다

성벽에 흐르는 돌의 맥박
성돌 사이 불길 인다

남문루 북소리 귀 씻고
지상의 바람소리 통과한다

전설의 불새 날아와 팔월의 태양을 문다

Wake up and look at the first dawn of Mt. Gaya

The pulse of the stone flowing through the wall
The fire between the stones

Wash your ears with the drum sound of Nammunru
and pass through the sound of the wind on the ground

The legendary firebird soars and bites the August sun

* 진남문鎭南門은 읍성의 안쪽으로 통하는 성의 정문으로 옛 모습을 잘 간직하고 있으며, 성 안쪽에서 보면 문루 아래를 가로지른 도리석 중앙에 황명홍치사년신해조皇明弘治四年辛亥造라는 글씨가 새겨져 있다. 황명홍치皇明弘治는 명나라 효종의 연호인 홍치를 의미하는데 1491년(성종 22년)에 진남문이 중수重修되었음을 추정할 수 있다.

해미
병영성

Haemi
Byeongyeongseong
Fortress

해미읍성 영혼이 깨어 말하길
일어나라, 일어나 가야산 첫새벽 되라

눈 밝히고 귀 씻어라

저녁 성벽이 빛난다
돌의 가슴을 열어라

끝이 둥근 망치와
식지 않은 북소리
죽은 자들의 얼굴 보인다

어둠 속,
일제히 일어서는 숨결
겨울바다를 건너온 거친 숨소리 들린다

죽어서도 푸른 해미의 눈

The Haemieupseong Fortress soul wakes up and says
Wake up, wake up, it's the first dawn of Mt. Gaya

Open your eyes and wash your ears

The evening wall shines
Open the chest of stones

Round-tipped hammer
Uncooled drumbeat
See the faces of the dead

In the dark,
Breath that rises in unison
The harsh breathing that crossed the winter sea can be heard

Haemi's eyes are blue even after death

김가연 / 육백 년의 숨결을 담다

민초가
쌓은 성

The Castle built
by Grass Roots

짓밟힌 가슴 떨며 울었다
찢긴 옷자락 끌며 몸서리쳤다

성난 파도 자락 보내온 날
마당 가 은행나무 잘려나가고
장독대 봉선화 떨어졌다

죽기를 각오한 수병의 편지

검은 손에서 어린 생명을 구하라
성을 쌓아 해미의 방주가 되라

밥 짓던 손으로 돌 나르고
논 갈던 팔뚝 걷어 성벽 쌓았다

피 묻은 돌이 손톱을 찢었다

The crushed heart trembled and cried
Dragging the torn hem, it shuddered

The day spent on the edge of the raging waves
Ginkgo trees are cut down by the yard
Jangdokdae Balsam flower fell

A letter from a sailor ready to die

Save a young life with dirty hands
Build a castle and become Haemi's ark

Carrying stones with the hands that were used to cook
Roll up the forearms that plowed the rice fields to build a fortress wall

Nails are torn by bloody stones

한티
고개*

Hanti
Hill*

선잠 깬 버들강아지 솜털을 세운다

한티고개 넘어 산수 저수지로
기다림 환하게 밝혀 서로 비추는 별

당신의 가장자리에 별이 돋는다

먼 행성이 몸을 다녀가기도 하고
둥근 목련의 아침 비추기도 하면서
당신의 어깨에 기대 잠이 든다

A catkin wakes up from slumber and raises its fluff

Beyond Hanti Hill to a reservoir of mountain water
Stars brighten up the waiting and shine on each other

Stars rise from your edge

It sometimes goes to distant planets
It also illuminates the morning of the round magnolia
It falls asleep on your shoulder

* 한티고개 : 예산군 덕산면 대치리에서 서산시 해미면 대곡리로 넘어가는 가야산의 한 고개로 천주교 신자들이 압송되던 길

옥사
가는
길

―

On the way
to Prison

내 살과 뼈로
내 몸짓과 언어로

단단해진 눈물과
차마 말하지 못한 이름으로

굽은 길의 눈동자
눈비 가리지 않는 울음 바라보네

With my flesh and bones
With my body and language

With hardened tears
and a name that I couldn't bear to say

Eyes on the curved road see
Crying regardless of snow or rain

* 해미읍성 옥사는 1935년에 간행된 《해미순교자 약사》를 토대로 복원되었으며, 1790년부터 100여 년간 수많은 천주교 신자들을 국사범으로 규정하여 이곳에 투옥하였다.

김가연 / 육백 년의 숨결을 담다

청허정
清虛亭

Cheongheojeong
Pavilion

풍경이 그리는 여름 숲

빗방울이 그리는 빗방울
산벚나무가 그리는 산벚나무
솔바람을 그리는 솔바람

담쟁이 붉은 혈관도 함께 그려 넣는다

Summer forest painted by landscape

Raindrops painted by raindrops
Wild cherry trees painted by wild cherry trees
Pine breeze painted bye pine breeze

Also, paint ivy red blood vessels

*　　　　　　성현成俔 [1439~1504]의 「청허정기清虛亭記」에 의하면 "영락永樂 병신년[1416년]에 이산에서 이설한 이래 겨우 남문만이 제 모습을 갖추고 있었는데, 그나마 70여 년이 지나 성문과 관사館舍가 날로 퇴이해져 중수하지 않을 수가 없는 지경"이었다고 한다. 그리하여 병사 조숙기曺淑沂가 조정의 허락을 받아 내어 먼저 서문 사영四楹을 이루고 동문·남문·북문을 순차로 결구하였는데, "남문에 농석礱石과 홍예를 만들고 또 후원 솔밭에 정자를 지어 청허정清虛亭이라 하였다"고 한다.

책실
冊室

Room of
Books

나의 이력은 소멸의 역사

새벽 네시의 생각이
오래된 책장을 넘긴다

안은 적막하고
우물가엔 걱정이 자란다

My history is the history of extinction

At four in the morning
thoughts flip through old bookshelves

It's dark inside
Worry grows by the well

* 책실은 책과 문서를 보관하고, 조세와 군역 등의 행정업무를 보는 곳이다.

새벽 네시의

생각이

오래된 책장을

넘긴다

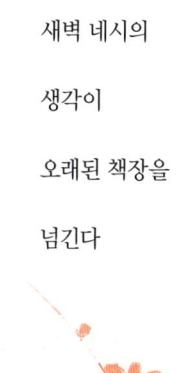

김가연 / **육백 년의 숨결을 담다**

해자를
건너다

Cross the
Moat

새벽이었다
해자를 건너다 물에 빠지는 꿈을 꾸었다

낯설고 무서워
한 번도 건너보지 못한 강

출렁이는 은하 저편
화석이 된 원시의 늪을 건넌다

감나무 어깨가 비에 젖는다

It was dawn
I dreamed of crossing a moat and drowning

Strange and scary
A river never crossed

Beyond the rippling galaxy
Cross the primordial swamp that has become a fossil

The shoulders of the persimmon tree are wet in the rain

옛 우물

Old Well

어느 가문의 족보인가

저 깊고 푸른 강

달 어머니 오늘도 다녀가시네

물속 둥근 집

Genealogy of a family

That deep blue river

Mother Moon visits today

Roundhouse in the water

어느 가문의 족보인가

저 깊고 푸른 강

달 어머니 오늘도 다녀가시네

물속 둥근 집

김기연 / 육백 년의 숨결을 담다

활터

―

Archery

누군가 이 저녁 나를 당긴다

불면의 창공에
활시위를 당긴다

팽팽하게 날아가는 과녁

누군가 이 저녁
나를 당긴다

Pull the bowstring
into the sleepless expanse

It flies firmly to the target

Someone pulls me
this evening

유목의
계절

—

Nomadic Season
- Private house

Memories of living on the edge of the river
were as distant as a blue dream

Like tinnitus that didn't belong anywhere
but was ubiquitous

Birds fly to the equator
The willow filled its body with a mild sap

The day an unexpected corpse was confronted
The river flowed into the sea
and washed the ankles of young trees

While living there
retrieving memories that sparkle like water scales
thinking that sadness could be a little clouded

천변에서 살았던 기억은
푸른빛의 태몽처럼 아득했다

어디에도 속하지 않지만 어디에나 존재하는
이명 같은 것이었다

새들은 적도로 날아가고
버드나무는 몸속에 밍근한 수액을 채워 넣었다

뜻밖의 주검을 대면한 날
강물을 바다로 흘려보내며
어린 나무의 발목을 씻어주었다

그곳에서 사는 동안
물비늘처럼 반짝이는 기억들을 건져 올리며
슬픔도 조금은 흐려질 수 있다고 생각했다

김가연 / 육백 년의 숨결을 담다

서산의
등대

―

Lighthouse in
Seosan

Bordering on the west coast
Leesan·Sunseong·Nampo
It is the midpoint of the three terrains.

It's a transportation hub
It's the gateway to the land

For over 230 years
It is a military center and the ark of Seosan

A cuckoo bird cried on a moonlit night

서해안에 접경이요
이산伊山·순성蓴城·남포藍浦
삼진의 중간 지점이다

교통의 요충지요
내륙으로 들어오는 관문이다

230여 년 동안
군사적 중심지요 서산의 방주다

달 뜨는 밤이면 두견새 울음 울었다

* 충청병마도절제사영이 해미로 옮겨진 이후, 충청병마절도사영으로 개칭되었고 1652년(효종 3년) 청주로 옮겨가기 전까지 약 230여 년간 군사권을 행사하는 거점이 되었다.

김가연 / 육백 년의 숨결을 담다

활을
당기다

―

Draw a
Bow

후회도 없다 결심도 없다 팽팽한 하늘에 활을 당긴다

더 멀리 숨을 멈추고 과녁을 향해 날아가는 해미의 눈동자

후회도 없다 결심도 없다

팽팽한 하늘에 활을 당긴다

더 멀리

숨을 멈추고

과녁을 향해 날아가는 해미의 눈동자

No regrets, no resolutions

Draw a bow in the taut sky

Further

Hold breath

Haemi's eyes flying towards the target

김가연 / 육백 년의 숨결을 담다

군사·
행정의
중심

—

Center of
Military·
Administration

그때 누군가 물었다, 당신은
탄생인가요 소멸인가요

길 끝에서 누가 대답했다
이미 죽었거나 다시 살아나
갈비뼈 사이로 터져 나오는 연둣빛 음표입니다

세상 모든 길의 원천인 당신

해미읍성에 잠든 뭉클한 돌의 잠

Then someone asked, you
Birth or extinction?

Someone answered at the end of the road
Already dead or reborn
It's a light blue note that pops out between the ribs

You are the source of all paths in the world

The sleep of an emotional stone sleeping in Haemieupseong Fortress

김가연 / 육백 년의 숨결을 담다

내륙으로
들어서는
관문

―

Gateway to
the Land

병사의 팔뚝에 힘줄이 튄다

밤새 달려온 수병들의 함성

뜬눈으로 맞는 여명의 빛

성벽에 핏방울 쌓인다

죽음으로 지켜온 해미의 혼

A tendon spatters on the soldier's forearm

The shouts of the sailors who ran all night

The light of dawn greets us with open eyes

Drops of blood accumulate on the walls

Haemi's soul is protected by death

법인
국사
탄문 坦文

Tanmun of the
National
Corporation

뻐꾸기 날아
어디로 가는지

훨훨 날아
어디로 가는지

해미천인지
도솔천인지

뻐꾸기 날아간 성돌에
산벚꽃 피었다

A cuckoo flying
Where are you going

Flutter away
Where are you going

Is it Haemicheon Stream
Is it Dosolcheon Stream

On the castle stone where the cuckoo flew
Wild cherry blossoms

김가연 / 육백 년의 숨결을 담다

3.1운동의 주무대

The main site of 3.1 Movement

아침 예배 마치고
내딛는 힘찬 행진

멈추지 마라
굽히지 마라

터지도록 외치는 소리

자주독립 외치며
서산 3.1운동의 거점이 되다

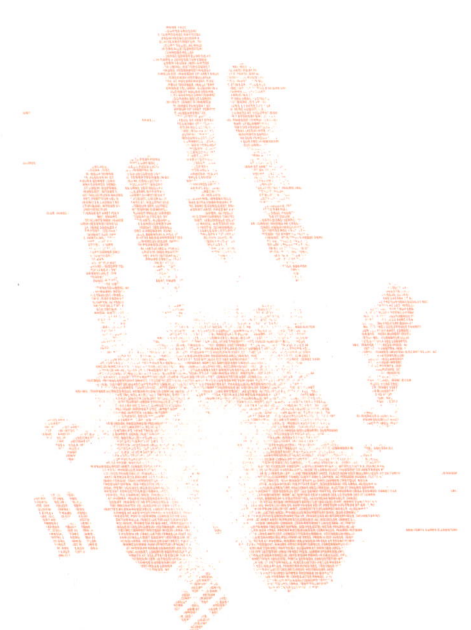

A powerful march
after the morning service

Don't stop
Don't bend

Bursting out loudly

Cry for Independence
Became a base for the Seosan 3.1 Movement

죄인 처형 장소

Execution Site
of Criminals

옥사의 새벽은 밝지 않았다
덧칠한 어둠이 어둠을 호명한다

가뿐하게 날아가는 새
훨훨 날아가 회화나무 잎싹이 된다

회화나무 아래
벗어놓은 목숨 창연愴然하다

The dawn of the prison has not yet come
The painted darkness calls out the darkness

Bird flying away softly
It flies away and becomes the buds of the spruce tree.

Under the pine tree
The life left behind is dispirited

회화나무 아래 벗어놓은 목숨 창연愴然하다

김가연 / 육백 년의 숨결을 담다

겸영장
兼營將

―

Gyeomyeongjang

　　해미현감 호서좌영장을 겸하다 예하에 13군현을 두고
군사권을 지휘하다

　　탱자나무 굵어가도 변함없는
사계의 음계를 가진 해미읍성

　　미풍의 뜰에
민들레, 제비꽃 펼쳐놓고

　　나비 앉았다 날아오른다

Haemi Hyeongam served as Chief of Staff at Hoseo and commanded military power with 13 military prefectures under his subordinates.

Haemieupseong Fortress with a scale of the four seasons
that does not change even if the trifoliate orange tree grows thicker

In the breezy garden
Spread dandelions and violets

A butterfly sits and flies away

김기연 / 육백 년의 숨결을 담다

성을
정비하다

Repair the
Castle

Days without promises continued

The child climbing the wall
 wet his pants every night

A long white winter after a blizzard

A broken wall
spends your evening

Many thoughts and
many dreams
stand by you

Burn in flames
or become the son of the sun

Today,
you ask yourself

기약 없는 날이 계속되었다

성벽을 오르는 아이는
밤마다 바지에 오줌을 지렸다

눈보라 쳐서 오래도록 하얀 겨울

허물어진 담장이
당신의 저녁을 쓴다

수많은 생각과
수많은 꿈들이
당신을 서성인다

까맣게 타버렸거나
태양의 아들이 된

오늘도
당신은 물음 속에 있다

정비
공사
완료

―

Maintenance
Work
Completed

삽날이 번뜩였다
종종 유골이 발견되었다

무릇, 고사목 하나
검버섯을 피워낸 돌의 얼굴이다

굳어진 몸을 닦고
힘줄이 튀어나온 발을 닦는다

부러진 날 세워 해의 집을 짓는다

성벽이 피돌기를 시작했다

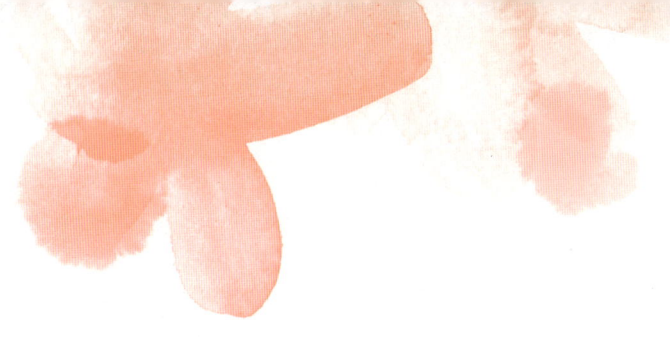

The shovel flashed
Skeletons are often found

One tender dead tree
The face of a stone with age spots

Wipe the hardened body
Wipe the tendon protruding foot

Build a house of the sun with a broken blade

The wall began to bleed

육백 년의 숨결을 담다

| 해 | 미 | 읍 | 성 | 에 | | 잠 | 든 |
| 뭉 | 클 | 한 | | 돌 | 의 | | 잠 |

해미
읍성

―

Haemieupseong
Fortress

해미에 와서야 길 속에 태胎가 자라는 것을 보았다 그리고 그 길이 돌에도 있다는 사실을 알게 되었다

눈 속 돌탑의 까치발로 서서 성벽에 기대 사는 백성이 있고 밤마다 성벽을 오르는 아이들 있다

서해를 지키는 병사들의 함성과 도비산 내달리는 말발굽 소리 들린다 깃발과 탱자꽃 사이 죽음으로 지켜온 목숨 펄럭인다

육백 년 성벽을 깨우는 해미읍성 사람들 보인다

I saw the fetus growing along the road when I came to Haemi and
learned that the road is also in stone.

Some people stand on the tip of a stone tower in the snow and lean on
the wall, and some children climb the wall every night.

You can hear the shouts of the soldiers protecting the West Sea and the
sound of horseshoes running down Mt. Dobi. Between the flag and
the trifoliate orange tree flower, the life that was protected by death
fluttered.

Haemieupseong Fortress people who awaken the six hundred-year wall
are seen.

돌탑을 쌓다

Build a Stone Tower

돌탑을 쌓는다

풀벌레 울음이 쌓아 올린
당신의 침묵을 듣는다

해미읍성을 지켜온 영혼들
열망으로 피우는 혼불

먼,
함묵의 풍경 속

둥근 침묵이
육백 년 풍화를 견딘다

Build a stone tower

Hear your silence built up
by the cries of grasshoppers

The souls who have kept the Haemieupseong Fortress
the souls that are burning with longing

Far,
in the scenery of silence

Round silence
endures six hundred years of weathering

김가연 / 육백 년의 숨결을 담다

충무공
이순신

Chungmugong
Yi Sun-sin

        부름 받고 달려온다

        소쩍새 운다
        망초꽃 핀다

        오직 내 몸을 단속하고
        청렴한 자세로 뜻을 꺾지 않으니
        낮은 자리에도 구차하지 않으리*

        홀로 깨어 마음 닦는
        활시위 끝, 불면의 밤

It is called and runs

Scops owl cries
Sulphate of soda flower blooms

Simply take control of one's own body
With an honest attitude, one will not break his will,
and one will not be demanding even in a low position*

Wake up and clean your mind
The end of the bowstring, sleepless night

* 이순신은 1576년(선조 9년)에 무과 급제하고 권관과 훈련원 봉사를 거쳐 세 번째 관직으로 1579년(선조 12년)에 충청병마절도사의 군관으로 부임하여 10개월간 근무하였다. 당시 기록에 의하면 "공은 구차하게 낮고 고달픈 자리에 있으면서도 자신의 뜻을 꺾고 남을 따른 적이 한 번도 없었으며, 상관인 주장에게 부정한 사실이 있으면 극진히 말하여 이를 바로잡았고, 청렴한 자세로 자신의 몸을 단속하면서 털끝만큼도 사적인 감정을 개입시키는 법이 없었다"고 전한다.

내포
동학농민군
최후
전투지

—

Naepo
Donghak Peasant
Army's Last
Battleground

수제비로 끼니를 때우고
신발 끈 동여맸다

무겁게 내려앉은 구름이
가야산 맴돌았다

바닷물 변함없이 푸르니
민중이 주인이다

다 같은 사람이니
다 같은 귀함이다

묵정밭 개망초 자랑도 없이 피었다

Eat a simple meal of Sujebi
and tie the shoelaces

Heavy clouds
hovered over Mt. Gaya

The sea is unchangingly green
so the people are the owners

We are all the same
We are all valuable

The daisy fleabane in the Mukjeong field bloomed quietly

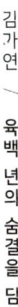

김가연 / 육백 년의 숨결을 담다

기도가 끝나고

After the Prayer

기도가 끝나고 일제히 일어섰다

뜨거운 열망이 몸속에서 꿈틀댄다

들녘에 핀 풀꽃을 생각한다

짓밟힌 산천에 뿌리는 빗방울
아버지 무덤가 개망초

마침내 일어서는 것이다
끝내 앞으로 나아가는 것이다

Everyone stood up at once after the prayer

A hot longing writhes in the body

Thinking of the flowers blooming in the field

Raindrops on the trampled mountain stream
Daisy fleabane at my father's grave

It will finally stand up
It will finally move forward

* 서산지역은 한말 동학혁명이 활발히 전개되었던 지역으로, 일제강점기에도 천도교의 위세가 강력했기 때문에 3·1운동 시위가 격렬하게 추진되었다. 〈한국독립운동지혈사〉에 의하면 3·1운동 당시 서산지역에서만 12건의 만세시위가 있었다. 이 중 해미에서는 3월 10일 남상철南相喆의 주도로 전개되었고, 3월 16일 서산지역 천도교인과 기독교인들이 각기 예배를 끝내고 해미지역에서 행진하였으며 수천 명의 군중들이 시가지를 누비며 시위를 전개하였다.

성벽의
혼례

Wedding of the
Fortress Wall

수천 광년 달려온 별이
저녁 담장에 피었다

수백 광년을 태우고도 남을
기다림 환하게 빛났다

A star that ran thousands of light years
bloomed on the evening wall

Even after burning hundreds of light-years
the waiting to be left shone brightly

수백 광년을 태우고도 남을
기다림 환하게 빛났다

김가연 / **육백 년의 숨결을 담다**

성 밖
아이들

—

Children outside
the Castle

길의 이력을 본 적 있다

어디서 왔는지
무얼 보았는지

그 길이 즐거웠는지 못내 괴로운지
길은 안다

통곡과 상처가 발아래 붙어
온몸으로 말한다

풀의 맥박 되라
푸른 한 잎 되라

길을 내고 길을 걷는다

I've seen the history of the road

Where did you come from
What did you see

Was the road enjoyable or painful
Only the road knows

Wailing and wounds stick under the feet
and speak with the whole body

Be the pulse of the grass
Be the one green leaf

Pave the way and walk

해미천
사랑교

Saranggyo Bridge of
Haemicheon Stream

At one time
I used to walk along the shores of a foreign lake
I even counted the stars in the roaring night sky

I used to pass through a dark alley
I even stayed up last night when heavy snow fell

Looking back
All relationships are precious
Every road has a meaning

And looking back at the dazzling spring days and the snowy hills
Now, I am walking along the clingy Haemicheon Stream

Come when the flowers bloom
Don't count the remaining days and come
You laid out a stone bridge

Blooming on the flowers
That flower that crosses the love bridge is dazzling

한때는
이국의 호숫가를 거닐기도 하고
뽈록거리는 밤하늘의 별들을 세어보기도 했다

어둑한 골목을 지나기도 하고
척설의 그믐밤을 새우기도 했다

돌아보면
소중하지 않은 인연 없고
뜻 없는 길 없었다

그리고 눈부신 봄날과 눈 오는 언덕을 되짚으며
나는 지금, 연연한 해미천을 걷는다

꽃 피면 오라고
남은 날 세지 말고 오라고
돌다리 하나 놓아주던 당신

꽃 위에 꽃 피우며
사랑교 건너는 저 꽃 눈부시다

안길을
걷다

Walk on the
Sidewalk

        풀밭에 버려진 신발 한 켤레
        그 속에 담긴 위로의 말들

        박꽃이 담장을 넘는다

        따뜻한 계절만은 아니어도
        모두 눈물만도 아닌

        해미읍성 안길을 걸으며
        바라보는 시간의 파문

A pair of abandoned shoes on the grass
Words of comfort in them

The gourd flower goes over the fence

Even if it's not a warm season
Even if it's not all tears

Walking along Haemieupseong Fortress
Looking at the ripple of time

김기연 / 육백 년의 숨결을 담다

감꽃 피다

Persimmon Flower Bloom

발목이 하얀 비를 만지며
가야산 신록을 깨운다

나무의 머릿결을 쓰다듬는
봉긋한 종소리

우주의 동공이 보낸 메시지 받는다

The ankle touches the white rain
and wakes the fresh green of Mt. Gaya

The chirping of a bell
stroking the hair of a tree

Receive a message from a cosmic pupil

나무의 머릿결을 쓰다듬는
봉긋한 종소리
우주의 동공이 보낸 메시지 받는다

김가연 / 육백 년의 숨결을 담다

그런
생각을
한 적
있습니다

―

I have
wondered

물새들이 파래진 입술로
겨울 강을 물어옵니다

당신은 전생의 꿈을 다녀와
짧은 작별을 말합니다

당신이 두고 간 안녕이 성곽에 일렁입니다

당신의 편지를 몇 번이나 고쳐 읽으며
당신이 흘려보낸 강물에 발을 담급니다

이제 먼 훗날의 이야기를 쓰려고 합니다

말하지 않은 말로 당신을 말하려 합니다

Waterbirds bite the winter river
with their blue lips

You dream of a past life
and say a short goodbye

The goodbyes you left behind are reverberating in the castle

I read your letter several times
I dip my feet in the river you flowed

Now I'm going to write a story of a distant future

Trying to talk about you with unspoken words

김가연 / 육백 년의 숨결을 담다

탱자
나무

—

Ttrifoliate
Orange Tree

손톱을 깎다 말고
전화를 받는다

수화기 너머 똑똑 끊어지는 당신

무량한 당신은
벼랑 위 구름이었다가
비의 아침이었다가

악천후를 지나온
오후의 나무였다가

혼자 깊어져 붉어지는
서문 밖 탱자나무

Answering the phone
while cutting nails

You are cut off over the line

You are immeasurable
You are a cloud over a cliff
You are the rainy morning

You are an afternoon tree
after a bad weather

A trifoliate orange tree outside the west gate
that deepens and turns red by itself

해미천에
발을
씻고

―

Washing feet
in the
Haemicheon Stream

그해 여름
산천은 짓밟히고 희망은 찢어졌다

울어라 울어서 다 비우고
아무것도 남기지 마라
끝내 울림만 남고 말은 잊어라

모래보다 많은 숱한 사연
물소리에 흘려보내고

갓난아이 하얀 걸음걸음
해미천에 말갛게 씻은 발

That summer
the mountain stream was trampled and hope was torn

Cry, cry and empty everything
Leave nothing behind
Only the sound remains and forget the words

More stories than sand
let it flow in the sound of water

White steps of a newborn baby
Feet washed clean in Haemicheon Stream

김가연 / 육백 년의 숨결을 담다

해미
읍성
찔레꽃

―

Multiflora of
Haemieupseong
Fortress

새들이 벗어놓은 발자국에 밑줄을 긋는다

새 없는 새장에
두고 간 아이의 풀밭

꾹꾹 눌러 쓴 그날의 일기

내 전생의 풍경 속으로

찔레꽃 날아오른다

Underline the footprints the birds have left behind

A child's meadow
left in a birdless cage

The diary of that day is full of writings

Into the landscape of my past life

Multiflora takes off

돌의 심장

Heart of Stone

불꽃의 심장이다

낮은 음파를 가진 겨울나무가
상흔을 감싼 이명을 견딘다

불타는 신록 품에 안고
언 눈 녹이는 봄

겨울을 건너온 풀벌레 소리

육백 년 통곡을 씻는다

Heart of flame

Winter tree with low sound waves
withstands scarring tinnitus

The spring that melts the frozen snow
in the arms of burning green

The sound of grasshoppers that have crossed the winter

Washing away six hundred years of wailing

꿈꾸는
돌
—

Dreaming
Stone

동백나무 아래 서 있을 때

아직 이름 짓지 않은 태몽일 때

비의 흰 손을 잡았을 때

돌에 앉은 이슬을 굴릴 때

When standing under the camellia

When it's conception dreams that you haven't named yet

When holding the rain's white hand

When rolling the dew on a stone

김기연 ／ 육백 년의 숨결을 담다

해미의
부뚜막

—

Haemi's
Furnace

손 뻗으면 닿을 것 같은 맑고 하얀,

물 한 바가지 올리면 주르륵 흘러넘치는,

막 발 씻고 나온 그리움 한 채

A clear and white thing that you can touch when you reach out your hand

It overflows when you fill it with water

With a longing that just came out after washing your feet

김가연 / 육백 년의 숨결을 담다

북쪽 하늘

North Sky

오래전 지나간 좁다란 길

어린 돌을 안고 잠이 들었다

성곽 위를 걷는
환청의 발소리

수많은 발자국 모여
끝내 가 닿으려는

눈발 날리는 길

A narrow road passed a long time ago

Fell asleep holding a small stone

The sound of hallucinatory footsteps
walking over the castle

Thousands of footprints gather
to reach the end

A snowy road

천수만
물소리

The Sound of
Water in Cheonsu Bay

밤의 편지는
잘못 읽거나 고쳐 쓰는 일이 잦았다

먼 곳까지 문 열어놓고
당신을 기다린다

개 짖는 소리가
미루나무 귀를 흔든다

성돌을 깨우는 해조음

읍성의 깃발에 당신의 목소리 새겨넣는다

The letters of the night
were often misread or rewritten

The door is left open far away
and wait for you

Sound of a dog barking
shakes cottonwood ears

Sound of the sea that awakens the stone

Engrave your voice on the town's flag

김가연 / 육백 년의 숨결을 담다

기다리는 사람

Someone Waiting

그리고 나는 오늘도 하루를 준비합니다
눈길이 향한 곳에선 길이 자라고
그 길 끝에 당신이 있습니다
미열의 밤마다 이마를 짚어주던 당신은
나뭇잎이 넘기는 종소리며
아직 만나지 못한 훗날의 눈동자였습니다
오늘도 당신은
떠난 길을 걱정하다가 하얗게 울다 갑니다
첫날이며 마지막인 당신이
성벽에 묻어 둔 돌의 아침을 준비합니다
달을 만지는 일은 불을 만지는 일
서로의 얼굴을 비춰주며 눈부시던 날
모든 별의 이름과 돌의 이름을 불러봅니다
그런 날은 눈이 멀고
길이 눈 속에 들어와 눕곤 했습니다

And I'm getting ready for the day

The road grows where the eyes turn

and you are at the end of the road

You were the bell of the leaves

that put your hand on my forehead every night when I had a low fever

and you were the eyes of a future I had not met

Even today

you cry white while worrying about the road you left

Prepare the first and last morning

of the stone you buried in the wall

To touch the moon is to touch the fire

The day when we looked at each other and dazzled

I call the names of all the stars and stones

Those days are blind

I used to lie down when the road came into my eyes

김가연 / 육백 년의 숨결을 담다

해미
읍성의
달

Moon of the Haemieupseong Fortress

When I open the Jinnammun Gate and enter
I feel someone welcoming me

Feels like I'll meet the person
I've been waiting for so long

Today is the fifteenth of thousand years of the lunar calendar
A full moon rises above the fortress

Starry moonlight on hoya tree
Illuminates the blue pulse of the wall
Stroking the footprints of birds

Bright full moon night
I want to hear your song
I want to be your breath

When you come to Haemieupseong Fortress
That person with clear eyes and a wide chest
seems to be waiting

진남문 열고 들어서면
누군가 나를 반기는 듯싶다

그토록 기다려온
그리운 사람 만날 것 같다

오늘은 십오일 천년의 월야
성곽 위 두둥실 보름달 뜬다

호야나무에 총총한 달빛
성벽의 푸른 맥박 비춘다
새들의 발자국 쓰다듬는다

보름달 밝은 밤
너의 노래 듣고 싶어
너의 숨결 되고 싶어

해미읍성에 오면
눈 맑고 가슴 넓은 그 사람
기다리고 있는 것 같다

김기연 / 육백 년의 숨결을 담다

한티
고개
저녁해

—

Evening
Sun on
Hanti Hill

After the rainy season
the heat has started

A few days ago
cloudy days were heavy

Holding the puffy clouds
wipe the windows

The evening sun sitting on a branch of a trifoliate orange tree
looking at the breath of flowers

Hanti Hill that turns red
with coughing sounds over the castle

The man of Gaya who sets the whole mountain on fire
stopped in front of Haemieupseong Fortress

Sees the way he has passed
and the way he will pass

You can see at a glance
Your path has been opened brightly

우기가 지나고
무더위가 시작되었다

며칠 전부터
흐린 날이 무거웠다

붉어진 구름을 안고
유리창을 닦는다

탱자나무 가지에 앉은 저녁해가
꽃의 숨결을 바라본다

성곽 위로 기침 소리 쌓여
울컥 붉어지는 한티고개

온 산에 불붙이는 가야의 사내
해미읍성 앞에서 걸음을 멈추었다

지나온 길과
지나갈 길을 바라본다

설핏 보이는 당신의 길이
환하게 피었다

김가연 / 육백 년의 숨결을 담다

그날의 기억

Memories of the Day

부르면 대답할 거 같아
부르면 달려올 거 같아

열어보는 창밖
가시나무 열매 붉어졌다

생의 마디마다
눈시울 적시는

빈집의 아이들
가만가만 달래며 온다

가슴에 박힌 돌을 캐내느라
손에 못이 박힌 아버지

I think you'll answer me if I call
I think you'll run to me if I call

Outside the open window
Thorn fruit reddened

Every word of life
is wet with tears

The children of the empty house
come softly to comfort them

Father was nailed to his hand
trying to dig out the stone lodged in his chest

해미천 벗꽃

Cherry Blossoms at
Haemicheon Stream

거대한 우주가
산산조각 흩어질 것만 같아

천 잎의 바람
만 잎의 꽃잎
꽃의 이야기 봉긋하다

물소리 밀고 가는 해미천
햇살 치어를 키우는 물풀이 눕는다

물소리 실어내던 해미천 벚나무
귀를 열어 천둥소리 듣는다

It feels like the huge universe
is going to be shattered

Wind of a thousand leaves
Petals of ten thousand leaves
The story of flowers is full

Sound of Haemicheon Stream pushing the water
The water grass that raises the sunlight strike lies down

The cherry tree of Haemicheon Stream carried the sound of water
Open its ears to hear the thunder

김가연 — 육백 년의 숨결을 담다

개심사
풍경
소리

—

Scenery
sounds of
Gaesimsa Temple

울음 하나 섬으로 간다
서해 한가운데 본향의 수평선
눈길 자꾸만 흔들리는 깃발

병영성의 밤은 깊고 고요했다
텅, 텅 우는 밤의 숨소리

파문을 일으키며
젖어 오는 돌계단

저물어 혼자 듣는 개심사 풍경소리

One cry goes to the island
The horizon of a hometown in the middle of the West Sea
A flag that keeps waving

The night at Byeongseong Fortress was deep and quiet
The breath of the night weeping

Stone steps that come
wet with ripples

Listening alone to the scenery sounds of Gaesimsa Temple

김가연 / 육백 년의 숨결을 담다

축제의 시간

The Time of Festival

해미읍성 사람들
진남문으로 들어와 동헌을 지나
청허정에 다시 모였다

눈길 머무는 곳마다
숨 쉬고 노래하고 흐르는 기척

해미천 달려가던 누이와
그 끝 어딘가 당신의 눈빛

시린 눈으로 한 생을 바라본다

People of the Haemieupseong Fortress
Enter Jinnammun Gate and pass Dongheon
Gather again in Cheongheojeong

Everywhere you look
Breathing, singing, and signs flowing

With my sister running to the Haemicheon Stream
Somewhere at the end is your eyes

Looking at life with watering eyes

육백 년의 숨결을 담다

| 가 | 지 | 런 | 히 | | 부 | 르 | 고 |
| 대 | 답 | 하 | 는 | | 영 | 혼 | |

해미
첫
순교자

―

Haemi's
First Martyr

몸 묶인 채 한티 고개 넘는다
돌아보는 아득한 고향

해미천 지나 옥사에 갇혀
모진 고초도 그만
장살형 杖殺形 몸에 받고
성교 聖敎를 보존한다

살점을 물고간 새가
저녁 하늘을 업고 온다

해미의 첫 순교자
인언민 마르티노, 이보현 프란체스코*
복자 되시다

Crossing Hanti Hill tied up
Looking back at a distant hometown

Trapped in prison past the Haemicheon Stream
The harsh torture stops

Receive the Jangsalhyeong with the body
Preserve the Seonggyo

Flesh-biting birds come
carrying the evening sky

Haemi's First Martyr
Eonmin In as Martino, Bohyeon Lee as Francesco
Be Blessed

1800년 1월 9일 장살형으로 순교한 인언민, 이보현.
2014년 프란치스코 교황 방한 당시 시복되었다.

김가연 / 육백 년의 숨결을 담다

새

―

I've seen your bird

당신의 새를 본 적 있다

내 목소리를 듣고 내 생각을 읽고
내 집이 되고 나를 키우는 새
이따금 밖으로 나오기도 하지만 이내 도로 들어가
나를 살리고 나를 죽이는 새
나를 먹고 내가 되는 새

이미 당신도 만난 적 있는

해미읍성 성돌에 둥지 틀고
알 낳고 새끼 쳐 날아오르는 새

I've seen your bird

Hear my voice and read my thoughts
Birds that become my home and take care of me
It comes out sometimes but then it goes back in
The bird that saves me and kills me
The bird that eats me and becomes me

You have already met

Making a nest in the stone walls of Haemieupseong Fortress
Birds that lay eggs and fly away

김가연 / 육백 년의 숨결을 담다

당신
으로
하여

By You

　

가지런히 부르고 대답하는 순종 있네

당신으로 하여 나 살고
당신으로 하여 나 죽으니

돌의 가슴 타는 불씨 되네
회화나무 입술 숨결 되네

해미읍성 심장 깨우네

가지런히 부르고 대답하는 영혼 있네

There is obedience that calls and answers neatly

I live because of you
I die because of you

Becomes the burning embers in the heart of the stone
Becomes the breath of a pagoda tree

Awakening the heart of Haemieupseong Fortress

There is a soul that calls out and answers

김가연 / 육백 년의 숨결을 담다

목숨
다하여

—

With
all my Life

나 없는 내가 엇갈린 길을 갑니다

잊어도 된다는 생각을 하기도 했습니다

그래도 나를 버리지 않은 당신
온통 세상이 된 당신

목숨 하나 이끌고 그 길 갑니다

세상 모든 길 다 지우고

목숨 다하여 당신께 갑니다

I go the wrong way without me

I thought it could be okay to forget

You still haven't abandoned me
You became the whole world

I lead my life that way

Erase all the roads in the world

I go to you with all my life

김가연 / 육백 년의 숨결을 담다

해미의
눈동자

Eyes of
Haemi

부뚜막의 종지가 깨졌다
사금파리에 부딪히는 통증 빛났다

석성을 세우는 등뼈
긴 울음의 행렬 바라본다

조선의 눈망울 환하게 눈떠 온다

서로의 부름이 되어
바라보는 해미의 눈동자

The small dish of the furnace was broken
The pain that hits the chips shone

The backbone that builds the stone castle
Look into the long procession of weeping

Joseon's eyes are shining brightly

Become each other's calling
Looking at the eyes of Haemi

김가연 / 육백 년의 숨결을 담다

무명의
이름
에게

―

Dear
Anonymous

밤의 유서는 아팠다
아이 얼굴에 열꽃 피었다
잠에서 깨어 다시 잠들었다
죄어드는 호흡 하늘과 땅 번갈아 짚었다

폐허의 성지에 스러진 이름 불러본다

이쯤이었지 여기쯤이었지

이름 없는 집
담 너머 동백이 핀다

The will of the night was painful
The child's face was covered with red eruptions
Woke up and fell asleep again
The breath tightened and reached out to the sky and the ground

Call out the lost name in the ruined holy land

It was here, it was around here

Anonymous house
Camellia blooms over the wall

* 해미순교자 중에는 이름이나 세례명을 남기고 순교한 132명의 신자가 기록으로 남아 있으며 기록되지 않은 무명의 순교자는 1800~2100여 명 이상으로 추정된다.

자리
개질

―

Jarigaejil
(Binding Straw into Sheaves)

내동댕이쳐진 육신
누가 덮어주나

피로 물든 자리갯돌
누가 닦아주나

꽃의 이마에 내린 채찍
목숨 너머 목숨 밝히는 손

나를 부르시는
당신의 목소리

Who would cover
the body was tossed outside

Who would clean
the blood-stained Jarigaetdol

The whip that fell on the flower's forehead
The hand that illuminates life beyond life

Your voice
Calls me

1801년의 신유박해 이전까지 해미에서는 인언민(마르티노)과 이보현(프란치스코)이 처형되었다. 1839년 기해박해 이전까지는 1814년에 옥사한 김진후(비오, 김대건 신부의 증조부)를 비롯하여 모두 8명을 처형하였다. 당시 해미읍성의 큰 감옥 두 곳은 항상 천주교 신자들로 북적였다고 전해진다.

진둠벙

Jindumbeong

진둠벙에 던져진 여린 목숨

차가운 칼날에 찔린 심장

아픔도 고통도 내게 쏟아라

기침 소리 멈추지 않는 목숨의 성지

A fragile life thrown into Jindumbeong

Heart pierced by a cold blade

Pour your pain and suffering on me

The holy land of life that does not stop coughing

진둠벙에 던져진 여린 목숨 치가운 칼날에 찔린 심장
아픔도 고통도 내게 쏟아라 기침 소리 멈추지 않는 목숨의 성지

김가연 / 육백 년의 숨결을 담다

서문 밖
자리
갯돌

Jarigaetdol
Outside the
West Gate

빗소리 세차다
옥사에 들어선 행렬이 순서를 기다린다
담장 탱자나무 가시 옷을 벗는다
고초의 자국마다 붉어지는 비명
발소리 끌며 서문을 향한다

풍경이 멈추고 발자국 사라진다
피맺힌 서문 밖, 잃어버린 발소리

마리아, 마리아

얼굴 들어 올리는
서문 밖 자리갯돌

The sound of rain is strong
The procession in the prison awaits their turn
The fence trifoliate orange tree strips its thorns
A scream that turns red with every trace of torment
Dragging footsteps towards the west gate

The scenery stops and the footprints disappear
Outside the bloody front door, the sound of lost footsteps

Maria, Maria

Put your chin up
Jarigaetdol outside the west gate

* 1866년(조선 고종 3년) 병인박해丙寅迫害 이후 1882년(고종 19년)까지 진행된 천주교 박해 당시 천주교 신자들을 해미읍성 서문 밖의 돌다리에서 자리개질 등으로 처형하였는데, 숫자가 너무 많자 해미천에 큰 구덩이를 파고 모두 생매장하였다고 전해진다. 당시 죽음을 앞둔 천주교 신자들이 '예수 마리아'를 부르며 기도를 하였다 한다.

호야
나무
눈빛

―

The Gaze
of Hoya Tree

나무의 몸속에서 뼈 하나가 꿈틀거린다

몽둥이 자국 철사 자국
낯선 몸뚱이

태풍은 증언을 거부한다

뿌리를 세우는 가지에
파란 울음 쌓인다

A single bone wriggles in the body of the tree.

Beating marks wire marks
Unfamiliar body

Typhoon refuses to testify

On the branches that take root
Blue weeping piles up

김가연 / 육백 년의 숨결을 담다

해미
순교
성지

—

Haemi
Martyrdom Holy

그날의 목소리 들린다

비 그친 청명한 새벽
연음으로 이어지는 소리

어딘가에 닿으려는 수많은 발소리

아픈 날개 핥아주며
무너진 성벽 다시 세운다

I hear the voice of that day

A clear rainy morning
A sound that leads to a continuation

Countless footsteps trying to reach somewhere

Licking the painful wings
Rebuilding the collapsed walls

해미순교성지海美殉教聖地는 가톨릭교회의 순교 성지로 천주교인들의 순례가 끊이지 않는 곳이다. 2014년에 교황청이 해미 순교자 3위를 가톨릭교회 공적 공경 대상인 복자로 추대하였으며, 교황 프란치스코가 직접 이곳을 방문하기도 하였다.

여숫골

Yeosugol

예수 마리아, 예수 마리아
순례길 들꽃 넘어져 우네

진둠벙에 떨어뜨린 구름
비쳐 보는 낮달

심장을 뚫고 가는 고행의 길
십자가 품에 안고 먼 길 가네

Jesus Mary, Jesus Mary
Wildflowers on the pilgrimage fall and cry

Clouds dropped on
The daytime moon can be seen through

The path of penance goes through the heart
Carrying the cross on its journey

　　　　　　천주교 박해 때 충청도 각 고을에서 붙잡혀
온 천주교 신자 1000여 명이 생매장당한 곳이다. 당시 죽음
을 앞둔 천주교 신자들이 '예수 마리아'를 부르며 기도를 하였
는데, 마을 주민들이 이 소리를 '여수머리'로 잘못 알아들어
이곳을 '여숫골'이라고 부르게 되었다고 전해진다.

김가연 / 육백 년의 숨결을 담다

순교의
길

Path of
Martyrdom

        칼날 같은 세상 끝
        매달린 목숨

        순교의 몸은
        피 흘리는 가시밭길

        잘려나간 숨결마다
        맨발로 날아온 새

        말씀대로 죽는 목숨
        호야나무에 걸어두네

Life hanging
at the edge of the world like a knife

The martyr's body
is a bloody thorny road

A bird that flew barefoot
for every breath that was cut off

Life dies as you say
Hang it on the hoya tree

김가연 / 육백 년의 숨결을 담다

무명
유해
발굴

Excavation
of Unknown
Remains

뼈를 세우고 살을 불러
당신을 말합니다

발 없는 길로 와서
문 밖 서성이던 당신

길을 돌려 길 속으로 들어간 당신

들꽃의 눈빛으로
바람의 목소리로

당신의 이름 불러봅니다

Build bones and call flesh
to speak of you

You who came to a footless road
and stood outside the door

You turned and entered the road

With the eyes of flowers
With the voice of the wind

I call your name

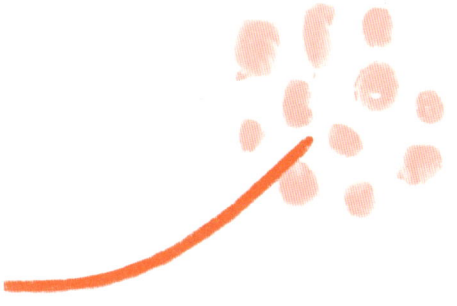

아파하라
슬퍼하라

―

Feel the
Pain and Sadness

　　　　　박꽃 하얗게 피는 밤이었다

　　　　　예배를 보는 방으로
　　　　　군관들 들이닥쳤다

　　　　　뒷문을 열어놓았지만
　　　　　도망가는 이 아무도 없었다

　　　　　끌려가는 압송로
　　　　　저녁 새 날아올랐다

　　　　　봄의 들판으로 오겠습니다
　　　　　풀잎의 바람으로 오겠습니다

　　　　　기도 소리 끊이지 않았다

It was a night when the gourd flowers bloomed white

Soldiers rushed inside
to the room for worship

The back door was open
but no one fled

Dragged by pressure
the evening bird flew

I will come to the field of spring
I will come with the wind of grass

Prayers continued

눈부신
당신

Dazzling
You

　

그러고도 더 많이 생각하고
더 나중까지 그리운 당신

무거운 제 발자국 따라 가는 당신

물소리 건져 올린 강둑에서
한 생 돌아보는 눈부신 당신

　

Still thinking more
I already miss you

You follow the heavy footsteps

The dazzling you looking back
at the water sound on the river bank

한 생 돌아보는

눈부신 당신

김가연 육백 년의 숨결을 담다

흰 밤

White
Night

해미천 봄은 흐르는 물풀 사이로 옵니다

살얼음 풀리는 날이면 피라미 눈을 뜨고
벚나무 가지로 하얀 달빛 내려앉습니다

천변의 나무들은 제 그림자를 잡고
성문으로 들어갑니다

죽고, 썩어, 푸석한 주검 위로 쌓이는
이 거대한 밤

푸른 마디마디 남은 슬픔이 골똘합니다

Spring of Haemicheon Stream comes through flowing water plants

The eyes of the pyramids are opened on a day when the thin ice melts
and the white moonlight descends from the branches of a cherry tree

The trees along the river catch my shadow
and enter the gates

Dead, rotting, piled up on crumbling corpses
on this great night

The remaining sadness of the blue node is engrossing

귓속말

Whisper

하늘이 열리고
새가 날아갔다

빈 둥지를 더듬는 불안한 눈길
적막을 읽는 허공

떠난 새와
정지된 풍경

옥사 앞 탱자나무 귓속말이
회화나무 이파리로 내려앉는다

The sky opens
The bird flew

An anxious gaze grope for an empty nest
The void that reads silence

The departed bird
and the still landscape

A whisper of a trifoliate orange tree in front of the prison
falls to the leaves of the pagoda tree

순례
길

Pilgrimage

밤이 눈을 뜬다 몸의 소리 듣는다

벗어 놓은 눈동자 피어나던 밤
말들이 냉기처럼 올라온다

금간 가슴을 드러내고
목숨 바쳐 산벚꽃 핀다

산수저수지 옆 천주교 순례길

무명의 순교자 슬픔을 벗는다

The night wakes up, I hear the sound of the body

On the night when the naked eyes bloomed
words come up like cold air

Revealing the cracked chest
Giving life to the wild cherry blossoms

Catholic pilgrimage by the reservoir in the landscape

Anonymous martyr sheds sorrow

* 천주교 순례길 : 2016년부터 5년간 서산시가 추진한 해미면 대곡리 한티고개부터 해미순교성지로 이어지는 11.3㎞의 해미천주교 순례길 정비사업이 완료됐다.

교황
프란치스코
해미 방문

―

Pope Francis'
visit to
Haemi

해미에 가자마자
가장 먼저 회화나무 앞으로 달려갔다

울지 마라 울지 마라
저만치 따라온 굽은 길이 말했다

As soon as I arrive at Haemi
I first ran to the front of the pagoda tree

Don't cry, don't cry
Said the curved road that I followed so far

* 2014년 8월 16일 교황 프란치스코가 대한민국을 방문하였다. 교황의 대한민국 방문은 역사상 두 번째의 일이었다. 당일 광화문 앞에서 교황 집전 아래 순교자 124위 시복식이 열렸다. 여기에는 해미 순교자인 인언민(마르티노), 김진후(비오), 이보현(프란치스코)의 3위가 함께 시복되었다.

새벽
기도

Morning
Prayer

피맺힌 아픔 내 몸에 쏟아부어
어긋난 마음 용서하게 하소서

첫눈의 새벽 해미로 가서
숨결 맞댄 돌의 기도이게 하소서

빙하기를 통과한 햇살이
내 몸의 절벽을 넘어가게 하소서

Pour the bloody pain on my body
so that I can forgive my broken heart

At the dawn of the first snow in Haemi
let the breath of stone pray

Let the sun through the ice age
pass over the cliffs of my body

피맺힌 아픔 내 몸에 쏟아부어 어긋난 마음 용서하게 하소서

김가연 / 육백 년의 숨결을 담다

해미
읍성의
영혼

―

Soul of
Haemieupseong
Fortress

       그곳에선 죽은 새들이 자주 목격되었다

       새의 날개는 허공에 있고
       새의 영혼은 고요가 되었다

       다음 생을 바라보는 고요가
       소멸의 이력을 본다

       시린 겨울을 지나온 맨발을 쓰다듬는다

Dead birds were often seen there

The bird's wings are in the air
and the bird's soul is silent

Looking at the next life
the stillness sees the history of extinction

It strokes the bare feet that have endured the cold winter

김가연 / 육백 년의 숨결을 담다

성모
마리아

The Blessed
Mary

그렇다 하여도 나는
당신이 비운 한나절을 읽고 있습니다

우물가 제비꽃에 앉아
당신을 기다리노라면

흰제비꽃
둘이었다 하나였다 다시, 둘이 됩니다

아무리 기다려도 오지 않는 당신
희미한 잠결로 다녀옵니다

당신을 다녀온 후
나도 당신처럼 선잠의 눈짓이 되었습니다

Even so
I'm reading the half-day you emptied

Sitting on violets by the well
waiting for you

White violet
It was two, it was one, it becomes two again

You don't come no matter how much I wait
I go there half asleep

After I visited you
I became a blink of slumber just like you

재회

Reunion

천지사방 눈 내리는
저 깊은 생 어디쯤

우리 다시 만난다면
가슴 벅찬 첫눈으로 온다면

서로 흐르는 강 있어
서로 맞잡은 손 있어

불러보는 창천의 메아리
심지에 타오르는 불꽃

Somewhere in that deep life
where snow falls everywhere

If we meet again
If you come with a heartbreaking first snow

We have rivers flowing through each other
We have hands holding each other

The echo of the sky calling out
The flames burning in the wick

국제
성지가
되다

Registered as the
International
Sacred Place

해미읍성 뜨락에
탱자나무 한 그루 심는다

두고 간 사람 그리워
해미천 다리 놓아 기다린다

무참히 끌려와 처형된
132명의 순교자와 수천 명의 무명 순교자

감옥에 묶여 있는 육신과
회화나무에 매달린 눈빛

산 채로 생매장당한 순교자들이
해미읍성을 걸어간다

Planting a trifoliate orange tree
in Haemieupseong Fortress garden

Missing the person left behind
I wait after building the Haemicheon Stream bridge

132 martyrs and thousands of unknown martyrs
were brutally dragged and executed

A body tied to a prison
and a gaze hanging from the pagoda tree

Martyrs buried alive
walk through Haemieupseong Fortress

* 교황청은 이곳을 거쳐 순교한 신자들의 유해가 보존되어 있는 해미순교성지를 2020년 11월 29일 국제성지로 지정했다, 선포일은 2021년 3월 1일이다.

육백 년의 숨결을 담다

무명의 순교자
슬픔을 벗는다

해설

신성한 피의 제단을 그린 추상화

신익선 / 문학평론가

1. 들어가는 말

    시인은 사유思惟한다. 시인은 현상과 본질, 현실과 이상, 삶과 죽음, 밝음과 그늘, 한 올의 바람과 일렁이는 산 안개, 한 알의 모래와 하나의 작은 돌멩이 등등의 관념과 대상이 한데 섞여 전혀 새로운 형상과 신비한 의미가 담긴 시 항아리를 내보인다. 시 작품이다. 시 작품에 녹아 흐르는 은유와 상징의 속살이 무궁하다. 단 한 편일지라도 시란 그 자체로 신비로운 무엇이다. 그러한 시 작품들이 무려 이백 오십여 편 운집한 김가연의 『육백 년의 약속』은 특이한 시집이다. 통상의 일반시집 수권을 상회하는 시편의 막대함도 놀랍거니와 그 안에 수백 년을 살아온 해미읍성의 역사와 문화, 종교와 철학이 운문으로 집대성되어 있는 데 주목하지 않을 수 없다.

시 원고를 읽으면 단번에 알 수 있다. 웬만한 시력詩歷으로는 엄두도 못 낼 이번 시집 출간은 필연적으로 역사의 이면을 배회하는 어떤 존재에 의탁하지 않을 수 없었을 것이란 점이다. 손쉬운 집필이 아니다. 다수의 시편을 창작하는 데 혼자만의 사유로는 시적 대상에서 감지되는 추상과 관념의 표현과 재정립에 한계를 겪기도 했을 것으로 짐작되는바, 막막함과 막연함에다 어떤 두려움까지 밀려 왔을 것이다. 골방에 칩거하여 한 올의 바람과 한 무더기의 돌에서 전해져 오는 숨소리의 절망과 음성들을 듣지 않고서야 어떻게 이 많은 시편과 시상들을 총망라하여 풀어낼 수 있단 말인가. 더구나 김가연은 일 년 전에 이미 충남지방과 서산지역 초유의 디카시집, 『해미읍성, 600년 역사를 걸어나오다』를 발표한 바 있다.

당시 출간된 디카시집에 총 일백여 편 이상의 시가 실려 있다. 해미읍성이 지닌 역사 문화적 가치와 정신세계의 영원성을 궁구한 시집이었다. 연이어서 펴내는 『육백 년의 약속』은 상권, 중권, 하권이 합본된 것으로 각각 상권 - 민초가 쌓은 성, 중권 - 사람, 풍경이 되다, 하권 - 생명의 말씀 등으로 구성되어 있다. 지난번 디카시집 시편과 이번 시편들을 합치면 거의 삼백육십여 편에 이르는 해미읍성 시편이 생성된 셈이다. 모두가 해미읍성의 대서사다. 운문으로 된 해미의 문학이면서 운문으로 된 해미의 문화다. 운문으로 된 서산의 역사서이자 운문으로 된 해미읍성의 함성이다.

해미는 특히 신성한 피를 쏟은 종교적 제단의 현장이다. 피는 생명의 근원이다. 그 생명의 근원인 피로 점철된 땅, 해미는 그 이름만으로도 경건해지는 곳이다. 누가 뭐래도 해미 땅이야말로 제주도에서 함경북도에 이르는 한반도 전체에서 가장 신성하고 거룩한 땅이다. 무고한 백성들이 예수, 마리아라는 이름을 부르다 무수히 참살당한 피 흘림의 성지이다. 시집 원고를 펼치기 전에 먼저 긴장하면서 옷깃을 여미어 마음을 가다듬는다. 이번 『육백 년의 숨결을 담다』는 그중에서 일부를 선하여 재수록하고 있다. 우선 『육백 년의 약속』에 실린 차례대로 상권, 중권, 하권을 살펴 가며 집필 순서를 잡았다.

2. 민초가 쌓은 성

상권은 해미읍성 축성築城에 대한 기록이다.

해미는 원래 서해안에서 가장 높은 산인 가야산을 배경으로 코앞에 바다를 집한 잡초 우거진 해안가 땅이었다. 해미에 병마절도사영이 세워졌다. 조선은 팔도에 병마절도사영兵馬節度使營을 설치하고 책임자인 병마절도사兵馬節度使(종2품)를 두었다. 조선조 육군의 최고 지휘자인 병마절도사는 생사여탈의 권력을 가진 자들이었다. 절대 군주인 태종의 명이 근거였다. 당나라 황제로부터 고명誥

命과 인신印信을 받아 스스로 조선의 창업 군주라 칭하며 조선 통치의 명분을 세운 태종은 왜구의 잦은 침략에 대한 방비와 서해안의 수호를 위해 신하들을 충청도로 보내어 새로운 충청병마절도사 설치 장소를 살핀 결과, 바다에 인접한 고장인 해미海美에 존치한다는 어명을 내렸다. 이로써 덕산에 있던 충청병마절도사영이 이전(1418년. 태종18년)된다.

그 직후에 이른바 해미읍성 축성이 이루어졌다. 충청도 육군의 최고 책임자인 병마절도사가 머물 숙소는 중요한 요새였다. 백성의 안위를 지키고 위엄 서린 영기令旗를 꽂을 성루가 긴요하였다. 충청도의 원근 각처에서 모인 백성들이 해미를 터전으로 성을 쌓았다. 유독 탱자나무 울타리가 성을 둘러싸고 있어 일반 백성들이 지성枳城, 즉 '탱자성'이라 부르는, 훗날의 '해미읍성'이 축성되는 순간이었다. 백성들은 성벽 쌓을 구간을 설정하여 돌을 날라 성을 쌓고 아래에서 위로 쌓은 성돌에 각자刻字하여 놓았다. 성을 쌓아 올리는 '축성'과 '각자석刻字石', 바로 이 두 장면은 김가연이 이 장대한 시집의 첫 서사를 출발하는 '성벽을 쌓는 일'의 시점이기도 하다.

심중에 돌 심는 사람,

횃불 되는 단단한 기도,

지칠 줄 모르는 새벽,

기도하며 북 치는 해미의 꿈

- 「성벽」 전문

온다, 내게로 온다

공주에서, 충주에서, 임천에서 달려와
내 몸이 된다

한밤중,
내 귀 열어 너의 심장 소리 듣는다
눈 감고 두고 온 것들을 생각한다
이슥토록 멈추지 않는 손에 붉은 피가 맺혔다

풀밭에서 물결 속에서 속삭인다
내가 모르는 내가 내 손을 잡는다

내 가슴에 발소리 내려놓고
또 한 생이 잠든다

- 「각자석刻字石」 전문

'해미읍성'이 축성된 해미 땅은 육지다. 돌 쌓을 성터를 다지고 돌을 나르며 축성에 피땀 흘리는 현장이다. 원근 각처에서 온 백성들이 돌을 쌓았다. 이 광경을 표현한 핵심은 '심중'이다. 돌을 쌓아 올리는 현장이 육지라는 '땅'이 아니다. '심중'이다. "심중에 돌 심는 사람"이라 했다. 단순히 돌을 날라 쌓는 일, 그런 축성도 아니다. "횃불 되는 단단한 기도"이다. '해미읍성' 축성은 그러니까 사람들의 '심중'과 '기도'가 합일된 신비로운 역사의 시작이었다. '해미'는 단순히 육지, 땅, 터전 등으로 구역을 갈라 눈으로 식별되는 영역이 아니다. 사람의 '마음' 그 자체인 것이다. '마음'도 예사 '마음'이 아니다. '마음'의 중심부위, '심중'이다. 소중한 관점이고 존귀한 시어다.

이 '심중'의 '기도'는 훗날, '해미'에 어떠한 일이 벌어질지를 가늠케 한다. '해미'가 어떠한 위상을 지니는지를 예언하는 단서다. '해미'를 싱싱하게 일깨워 아름답게 인도해주는 '새벽'과 '꿈', 곧 "지칠 줄 모르는 새벽,/기도하며 북 치는 해미의 꿈"이 될 것이기 때문이다. '새벽'과 '꿈'은 인간 본연의 본체. 새벽은 하루의 시작을 상징한다. 꿈은 인간의 시작을 상징한다. 시작은 신선한 호기심을 머금은 삼라만상의 생명체다. 시작이 첫 출발점이다. 살아 있는 생명체로서 무언가를 구상하고 추진해나가려는 새벽과 꿈, 이 둘이 요체다. 이 둘이 없이는 사람은 사람으로 살 수 없음이 시편에 녹아 있다.

한편, 「각자석」은 예지의 시편이다. "이슥토록 멈추지 않는 손에 붉은 피가 맺혔다"라는 간단하지 않은 예언이 내재한다. 성 쌓을 돌을 운반하여 각을 맞춰 쌓아 올리는 축성 작업은 예나 지금이나 석수장이 몫이다. 그를 뒷받침해주는 백성들의 손톱에 피멍울이 맺혔다. '붉은 피'는 축성할 때만 흘리는 것이 아니다. 서해안을 근거지로 살아가는 백성들은 노상 왜구에 시달리며 살았다. 왜구는 갑자기 배를 타고 출몰하며 해안가를 급습하여 해안가 백성은 초근목피로 연명키 일쑤였다. 이런 외부환경이 주는 고단함도 크려니와, 내부적으로 힘겹게 살아내는 일이란 "풀밭에서 물결 속에서 속삭인다/내가 모르는 내가 내 손을 잡는" 일이었다. '내가 모르는 내가 손을 잡는 일'은 불가항력의 일들을 말함이다. 그를 극복하기 위하여 축성하며 글자를 새겼다. "공주에서, 충주에서, 임천에서 달려와/내 몸이 된" 사람들은 성벽의 각자석에 묻혀 잠을 잔다.

현재 확인된 '각자석'은 진남문을 기준으로 동쪽으로 가면서 성벽 밑에서 위로 3~5번째 돌에 지역 명칭을 공사 시점 구간과 끝지점에 새겨 넣은 것이다. 새겨진 지명은 청주, 공주, 충주, 면천, 부여, 서천, 회덕 등 총 19곳이다. 오늘날의 행정구역상으로 보면 충청남도, 충청북도, 대전광역시 등 3개 시·도 11개 시·군의 지역 주민들이다. 이들은 모두 고인이 된 지 육백 년이 넘었다. 그러나 시적 화자는 이들이 "내 가슴에 발소리 내려놓고/또 한 생이 잠든" 상태라 한다. '잠든 상태'의 돌이다. '각자석'이란 그러므로 그 냥 이름이 새겨진 성벽의 돌이 아니다. 잠자는 생명이다. 생명이 '각자석'에서 잠들어 있는 상태라는 것이다. 마치 사람이 밤에 잠을 자고 아침에 일어나듯이 '각자석'도 이른 아침이면 숨소리 싱싱한 '해미읍성의 새 아침'으로 변형된다. '각자석'의 '붉은 피'가 "피맺힌 호흡 꿈틀대는"「축성 완료」시편을 보자.

    돌 이전의 돌로
    모래 이전의 모래로

    강 이후의 강으로
    사람 이후의 사람으로

    시퍼렇게 살아오는
    천둥 같은 북소리로

    피맺힌 호흡 꿈틀대는
    해미읍성의 새 아침

                         -「축성 완료」전문

  축성은 무얼 뜻하는가. 단순히 돌을 쌓아 성벽을 만드는 일인가. 석수장이와 민초들이 징으로 쪼아 힘을 합쳐 정성껏 돌을 쌓는 일인가. "돌 이전의 돌로/모래 이전의 모래로 //강 이후의 강으로/사람 이후의 사람으로"는 무엇을 뜻하는가. '돌 이전의 돌'은 그저 마그마 상태일 것이다. '모래 이전의 모래'는 흙 알갱이였을 것이다. 이 물질들이 서로 합쳐져 해미읍성 성벽을 이루고 있으나 누가 알겠는가. 마그마와 흙이 새 진리를 천명할 것이다. 그걸 표현한 것이 바로 '강 이후의 강'이다. 해미읍성은 언젠가는 반드시 푸른 물결 넘실대며 흘러가는 '강 이후의 강'으로 참 진리를 세울 것이다. 해미읍성은 반드시 '사람 이후의 사람'으로 존재할 생명, 참 생명이 될 것이다. 이것이 김가연의 시어 사용방식이다.

김가연의 시편 상당수는 행간이 웅숭깊다. 연은 은유와 암호로 가득하다. "모든 것은 암호이다⋯⋯ 그런데 시인은 번역가, 암호 해독가 아니고 무엇인가?"(『악의 꽃』)라고 한 보들레르의 말 그대로다. 「축성 완료」에 내재된 은유의 일정 부분은 해미읍성에 내포된 비가시성의 정신에 관한 것들이다. 평지에 세워진 해미읍성은 '진리와 생명'을 품은 "시퍼렇게 살아오는/천둥 같은 북소리"를 함유한 정신의 봉우리임을 에둘러 표현한 것이다. 과거의 축성을 말함이 아니다. 현재에도 '꿈틀대는' 살아가는 현실, 살아가는 오늘, 피 흘리며 살아내는 생의 현장이 해미읍성이고 그 정신이다. 이 해미읍성이야말로 전율하고 전율하며, 다가오는 사람들의 '새 아침'이란 것이다. 그리고 더 중요한 시어, 이들 속에는 '피맺힌 호흡'이 숨어 있다는 것이다.

'피 맺힌 호흡', 이것이 김가연이 해미읍성으로부터 듣는 음성이다. 이 음성은 오직 김가연만이 듣는 신비의 계시이기도 하다. 해미읍성을 다 쌓았다는 의미의 「축성 완료」의 시편의 결구는 신神이다. 신이 머무는 장소로의 공간이동이다. 역사의 내면을 향하여 '말'하는 영혼, 자기 자신을 뚜렷이 쳐다보는 '눈'이다. 그리하여 해미읍성은 마침내 '새 아침'을 여는 신비로운 영혼들의 성지가 될 것이다. 아래 시는 바로 그것을 표현한 시편으로 상권 『민초가 쌓은 성』을 완결 짓는다.

해미읍성 영혼이 깨어 말하길
일어나라, 일어나 가야산 첫새벽 되라

눈 밝히고 귀 씻어라

저녁 성벽이 빛난다
돌의 가슴을 열어라

끝이 둥근 망치와
식지 않은 북소리
죽은 자들의 얼굴 보인다

어둠 속,

일제히 일어서는 숨결

겨울바다를 건너온 거친 숨소리 들린다

죽어서도 푸른 해미의 눈

- 「해미병영성」 전문

   우리 민족 고대국가 중 하나인 동부여의 부루왕은 늙도록 아들이 없었다. 득남을 위하여 산천에 제사 드리고 오던 중에 길을 막는 큰 돌을 치우니 금빛 개구리金蛙 형상의 아이가 있었다. 돌 속에서 왕자를 얻은 것이다. 하물며 생명을 담은 혼, 영혼이다. 그 영혼이 어찌 성벽 돌 속인들 깨어날 수 없겠는가. '해미읍성'은 일반 백성이 쉬이 부르는 '해미병영성'이었다. 충청병마절도사의 표식인 영기가 나부끼고 장병들로 부산했기 때문이다. 김가연은 '해미병영성'을 호출한다. 기실은 영혼을 초혼招魂하는 것이다. "해미읍성 영혼이 깨어 말하길/일이나라, 일어나 가야산 첫새벽 되라" 외치는 음성을 듣고 썼다. 환청과 환각이다. '해미읍성'에 잠든 영혼이 해미읍성 곳곳에서 깨어나 "눈 밝히고 귀 씻는" 소릴 들었다. 거기에다 "끝이 둥근 망치와/식지 않은 북소리/죽은 자들의 얼굴" 역시 듣고 보았다. 그들은 한마디로 해미읍성이 제 눈동자에 달고 있는 그렁그렁한 눈물이었다. 눈물은 또 민초의 다른 이름이다.

   예로부터 민초民草란 무지렁이일망정 질긴 생명력을 가진 백성을 이른다. 낮에는 쥐 죽은 듯 잠잠하던 백성은 "어둠 속,/일제히 일어서는 숨결/겨울 바다를 건너온 거친 숨소리" 시행에서 표현되듯 '거친 숨소리'의 주인공이다. '거친 숨소리'라는 표현은 그 민초들이 무수히 피땀을 흘렸다는 의미를 내포한다. 시집 상권 『민초가 쌓은 성』은 결국 '해미의 눈'이란 결구로 마무리된다. '눈'에 방점을 찍는다. '눈'이므로 '보는' 역할을 한다. 그것도 심령의 심안으로 보는 새로운 관점의 '보는' 역할에 집중될 것이라는 김가연의 예시豫示의 시작인 것이다.

3. 사람, 풍경이 되다

중권 전체에는 해미읍성에서 살아가는 존재들의 이야기가 들어있다. 비단 사람 사는 이야기로만 한정되지 않는다. 동식물과 사물 일체에 이르기까지 대상 하나하나를 고안하고 꿈꾸면서 정신과 질료의 적극적인 대화를 시도하는 시편들로 가득하다. 김가연의 시 창작에의 노동이 결실을 맺은 시편들이며 이는 알랭이 그의 책 『예술의 체계』에서 "단단한 돌을 아름답게 하는 것은 얼마나 기쁜 일인가!"라며 탄복하는 데 필적하는 땀 흘림이다.

해미에 와서야 길 속에 태胎가 자라는 것을 보았다 그리고 그 길

이 돌에도 있다는 사실을 알게 되었다

눈 속 돌탑의 까치발로 서서 성벽에 기대 사는 백성이 있고 밤마다 성벽을 오르는 아이들 있다

서해를 지키는 병사들의 함성과 도비산 내달리는 말발굽 소리 들린다 깃발과 탱자꽃 사이 죽음으로 지켜온 목숨 펄럭인다

육백 년 성벽을 깨우는 해미읍성 사람들 보인다

-「해미읍성」전문

오래전 시작되어 끝을 모르는 이야기
그래서 끝없이 이어지는 이야기

낙화의 거리를 재며
꽃을 그리는 꽃잎의 이야기

꽃을 읽을 줄 알고
꽃을 보듬을 줄 아는

탱자성 사람들의 하얀 귓속말

-「탱자꽃」전문

왕의 행렬을 뒤따르는 말발굽 소리

태안으로 도비산으로
두루 평안을 살핀다

가슴 여는 병사들의 우렁찬 함성
북소리 울려 당도한 해미읍성

새벽 열어 비추는 햇살
상왕산 봉우리 잔설 녹는다

- 「태종대왕」 전문

부름 받고 달려온다

소쩍새 운다
망초꽃 핀다

오직 내 몸을 단속하고
청렴한 자세로 뜻을 꺾지 않으니
낮은 자리에도 구차하지 않으리

홀로 깨어 마음 닦는
활시위 끝, 불면의 밤

- 「충무공 이순신」 전문

해미읍성은 사람들로 붐볐다. 사람들은 "해미에 와서야 길 속에 태가 자라는 것을 보았다. 그리고 그 길이 돌에도 있다는 사실을 알게 되었"기 때문이다. '길 속'에, 해미에 난 길 속에 생명의 본체를 품은 아기집, '태'가 자라난다는 시어는 의미심장하다. '길 속의 태'라는 표현은 해미의 강인한 생명력을 은유하는 시어다. 이때 '길'은 자연공간인 동시에 인간이 거주하고 생활하는 문화공간이기도 하다. 이 길 속에 '태'가 있다고 한다. '태'는 가임可妊의 징표다. 이 '태'는 돌 속에도 있다. 이런 시어는 단도직입으로 직관이다. 일체의 연결고리를 배제하고 난 뒤에 심안으로 '보는' 풍경인 것이다. 이 '돌 속'에서 보고 듣는 것은 그럼 무엇일까. 김가연은 이들이 바로 "눈 속 돌탑의 까치발로 서서 성벽에 기대 사는 백성"들과 "밤마다 성벽을 오르는 아이들", "서해를 지키는 병사들의 함성과 도비산 내달리는 말발굽 소리"라고 정의한다. 역동성이 넘치는 관점이다.

정리하면, '해미읍성 사람들'이란 백성과 아이들, 병사들과 말발굽 소리 등을 포함한 다양한 존재들을 이른다. 쉬이 사람과 짐승이 공생히는 현장이 해미읍성이다. 그런데 이들의 공통점이 있다. 죽는다는 것이다. 생자필멸이기 때문이다. 그래서 김가연은 다시 또, "깃발과 탱자꽃 사이 죽음으로 지켜온 목숨 펄럭인다//육백 년 성벽을 깨우는 해미읍성 사람들 보인다"라는 결구를 선보인다. 해미읍성의 현실성, 생명성을 중시한 표현들이다. 탱자나무 울타리 둘러쳐진 성, 인근 사람들이 탱자성이라 불렀다. 성 밖으로 봄이면 탱자꽃이 만발한다. 성루에 나부끼는 깃발과 하얗게 피는 탱자꽃. 그 사이를 '죽음'으로 지켜온 '목숨'이 생존의 존엄과 존귀함이 발현된 시어로 되살아난다. 그렇게 육백 년이라는 시차를 초월하여 김가연은 다시금 해미 사람의 생을 쓴다. 온갖 애환을 겪어가며 일생을 살아내야 하는 질기디질긴 민중들이다. 가히 해미읍성의 대서사가 아닐 수 없는 풍경 묘사이다.

「탱자꽃」 시편은 '탱자성'의 탱자나무에 대한 명상록이다. "꽃을 읽을 줄 알고/꽃을 보듬을 줄 아는" 탱자성의 백성들은 "오래전 시작되어 끝을 모르는 이야기/그래서 끝없이 이어지는 이야기//낙화의 거리를 재며/꽃을 그리는 꽃잎의 이야기"를 나눈다. 오늘의 장삼이사들처럼 삶의 고개를 넘어가며 서로 이런저런 이야기를 나눴다는 것이다. 상상에 터 잡았으나 지극히 일상적인 터치이다. 이런 시어들은 마지막 연에서 갑자기 몸을 바꾼다. "탱자성 사람들의 하얀 귓속말"이 그것으로, 사람이 죽었을 때 영혼을 불러오는 의식의 하나인 지붕 위에 올라가서 흰 광목 저고리를 휘두르는 일과 동등함을 암시한다. 즉 초혼의 하나다. 우리 민족의 정서상 하얀 색은 그런 의미를 내포한다. 자연스럽게 '하얀 귓속말'은 영혼의 밀담으로 해석되는데 흰옷, 하얀 귓속말, 하얀 탱자꽃은 모두가 영혼과 상관된다. 탱자성 울안의 '탱자꽃' 서사는 기실 영혼을 드러내 보인 시편이다.

「태종 대왕」 시편은 조선의 절대 군주인 태종이 해미성을 찾는 서사를 갖고 그 광경을 썼다. 행간을 읽어보면 태종이 해미와 태안반도에 도착한 때는 초봄이었을 것이다. '잔설'이 녹는다는 표현으로 보아 서해안의 봄이 눈을 뜨는 시점일 것이다. 이로써 해미의 해미읍성은 확고부동한 역사적 위계를 갖춘 성으로 각인된다. 해미를 다녀간 발걸음은 태종뿐이 아니다. 청년 이순신도 해미에서 열 달을 복무하였다. "오직 내 몸을 단속하고/청렴한 자세로 뜻을 꺾지 않으니/낮은 자리에도 구차하지 않으리"라는 구절은 충무공에 대하여 이식李植이 쓴 문헌 기록인 「행장行狀」을 빌린 문장이다.

이밖에도 "한티재 바람결에/약용아, 약용아, 부르는 소리//두 손 모아/ 부끄러운 얼굴 닦는다"(「다산이 되어」 일부)에서 보듯이 잠시(열흘)지만 정약용도 해미를 거쳐 갔다. 다산 정약용은 형제들이 '천주쟁이'로 당당하게 죽음을 맞을 때, 배교背敎하여 참수형의 위기를 벗어나 방면되었다. 마음속으론 천주를 신앙하는데 입으로는 부정해 버린 것이다. 그 대신 목숨을 유지할 수 있었으나 시적 화자는 신앙을 서버린 모양새를 '부끄러운 얼굴'로 규정한다. 신념을 저버린 행위에 대한 비판이 아닐 수 없으나 그전에 자유와 행복을 추구하는 기본 권리조차 부정하는 왕정의 잣대가 얼마나 엄혹했을지 생각해보게 된다. 특히 종교의 자유를 헌법에 명시하고 있는 오늘에 비하면 격세지감이 크다. 영조의 명으로 서산 해미에 유배 온 정약용의 일신을 쓴 시이면서 동시에 종교의 자유를 박탈당한 참담함이 들어 있는 시편이다.

 그토록 참담하고 처절한 삶의 무게를 눈으로 본 그 당시의 '새'들은 죄다 어디로 가 있을까. 발자국을 남기지 않는 새들조차 "새들이 벗어놓은 발자국에 밑줄을 긋는" 현장을 기록한 작품이 「해미읍성 찔레꽃」으로, "꾹꾹 눌러 쓴 그 날의 일기//내 전생의 풍경 속으로//찔레꽃 날아오르는"(「해미읍성 찔레꽃」 일부) 풍경이 제시된다. 사람이 풍경이 될 뿐만 아니라 일기와 전생도 풍경이다. "사람이 지나간 자리 제비꽃 핀다/사람이 풍경이 되는 시간은/불과 백 년// 둥근 울음 터뜨리는 무덤가/오이꽃 냉이꽃 반짝"(「사람, 풍경이 되다」 일부)이는 풍경으로 전이되어 "아직도 만나지 못한 훗날의 눈동자"를 가진 「기다리는 사람」이 된다.

 특히 눈길을 끈 「기다리는 사람」은 이 시집 중권에 배치된 작품의 백미라고 해도 과하지 않을 것이다. 먼저, 상권에 실린 「해미병영성」의 '눈'이 중권에 이르러 기다림으로 설레는 '눈동자'가 된다. '기다림'이 있다는 것은 "눈부신 날"이면서 "모든 별의 이름과 돌의 이름을 불러보는 일"이라 한다. '기다리는 사람'을 만나는 일이란 황홀하기만 한 일일 것이다. 너무나 눈이 부셔 '눈멀고' 마는 일이다. 굳이 해석이나 분석이 불필요한 「기다리는 사람」을 제시하면서 중권의 시편들, 『사람, 풍경이 되다』 부분을 마무리하기로 한다.

그리고 나는 오늘도 하루를 준비합니다

눈길이 향한 곳에선 길이 자라고

그 길 끝에 당신이 있습니다

미열의 밤마다 이마를 짚어주던 당신은

나뭇잎이 넘기는 종소리며

아직 만나지 못한 훗날의 눈동자였습니다

오늘도 당신은

떠난 길을 걱정하다가 하얗게 울다 갑니다

첫날이며 마지막인 당신이

성벽에 묻어 둔 돌의 아침을 준비합니다

달을 만지는 일은 불을 만지는 일

서로의 얼굴을 비춰주며 눈부시던 날

모든 별의 이름과 돌의 이름을 불러봅니다

그런 날은 눈이 멀고

길이 눈 속에 들어와 눕곤 했습니다

- 「기다리는 사람」 전문

4. 생명의 말씀

김가연의 『육백 년의 약속』 중 하권 『생명의 말씀』은 그야말로 생명의 말씀에 대한 기록들이다. '생명의 말씀'은 신앙을 논할 때 쉬이 쓰는 말일지라도 실상 무거운 소재일 수밖에 없다. 하여 '생명목숨'에 대한 천착이 여실히 드러나는 시편들이 다루는 주제는 심오하다.

생명이란 일회성이다. 독보적일뿐더러 자유롭다. 생명 자체는 어디에 한정되지 않으며 규정되지도 않는다. 절대자의 창조물이거나 수억 년의 빅뱅이 빚어낸 유일무이한 목숨 이야기. 목숨은 생물의 호흡이다. 호흡은 다양한 생명의 다양한 현상 중에서 일정한 기간의 양태이다. 목숨은 본원적 생명인 본생本生을 총체적으로 드러낸다. 본생은 우주 만물의 궁극적 본체다. 이 말은 우주를 포함한 일체의 형상과 개념에 대하여 거의 무한대로 순수 사유가 가능한 그 모든 것을 지칭한다. 그 존귀한 본생이 신앙을 위하여 스러진 장소가 바로 해미다.

해미에서 천주를 믿는다는 죄명으로 무수한 천주교인들 목숨이 죽었다. 그래서 해미읍성과 읍성 주변은 목숨의 땅이다. 진둠벙에서, 읍성 옥사에서, 순교자 말씀 비碑에서, 읍성 소나무 숲에서, 성곽에서, 활궁터에서, 청허정에서, 야외 미사터에서, 유해발굴터에서, 자리갯돌에서 건장한 사내와 여인, 아이들이 처형당하였다. 속수무책이었다. 순식간에 생명이 죽었다. 그렇다면 '목숨'이 기꺼이 절명한 이유는 무엇일까. 김가연은 바로 그 부분에 주목해『생명의 말씀』이라는 소제목을 채택하고 온전히 해미에서 순교한 유명, 무명의 순교자들, 그 뜨겁고 처절한 피의 역사를 써 내려간 것이다.

통곡하여도 시원치 않을 『생명의 말씀』 시편들을 가슴 아린 통증 없이 읽어나가기란 쉽지 않다. 그중 「자리개질」, 「진둠병의 아침」 등 몇몇 시편은 코끝이 시큰하고 가슴이 먹먹하다. 멀쩡히 살아 있는 생목숨들이 타의에 의하여 숨이 끊어진 생생한 현장을 마주하는 까닭이다. 맑고 아름다운 산하와 햇살, 신선한 바람, 서재의 책들과 아직 다 마시지 못한 갓 빚은 막걸리, 그리고 따스하고 정겨운 가족과의 생이별을 뉘라서 상상이나 했겠는가. 그렇게 수천 명의 신앙인 '목숨'이 죽어갔다. 순식간의 일이었다. 강제로 생명을 휘발시켜버리는 이 참혹한 죽음은 무려 100년을 두고 이어졌다. 가히 국가권력의 무자비한 인권유린, 생명탈취의 폭거 현장이 아닐 수 없다. 폭력이 그토록 오랫동안 자행되어왔다. 그도 모자라 심지어 살아 있는 채로 죽였다. '자리갯돌'에 메다꽂아서 죽이고 불웅덩이에 밀쳐 수장水葬시켜 버렸다. 실로 비참한 현장을 응시한 '목숨' 시편들을 보자.

　　내동댕이쳐진 육신
　　누가 덮어주나

　　피로 물든 자리갯돌
　　누가 닦아주나

꽃의 이마에 내린 채찍
목숨 너머 목숨 밝히는 손

나를 부르시는
당신의 목소리

-「자리개질」 전문

밤마다 베껴 쓰는
목숨의 눈빛

한 생 다 태울
망루의 바다

남루 걸치고
지금 어디쯤 오시는지

곰곰 열어보는
진둠벙의 아침

-「진둠벙의 아침」 전문

짚으로 새끼 꼬아 만든 자리개로 볏단이나 보릿단을 묶어 엎어
놓은 절구통에 메어쳐서 알곡을 떨어내는 일을 '자리개질'이라

한다. 그 자리개질을 사람에게 자행한 「자리개질」과 해미읍성 외곽의 '진둠벙'의 서사를 썼다. 김가연의 각주 풀이에 따르면, 1801년의 신유박해 이전까지 해미에서 천주교도 인언민(마르티노)과 이보현(프란치스코) 등이 처형되었다. 또 1839년 기해박해 이전까지는 1814년에 옥사한 김진후(비오, 김대건 신부의 증조부)를 비롯하여 모두 8명을 처형하였다고 한다. 조선인 최초의 신부 김대건의 선조가 피를 뿌린 땅이 해미다. 해미는 한국 교회사의 중핵인 것이다. 이런 이유로 당시 해미읍성의 큰 감옥 두 곳은 항상 천주교 신자들로 북적였다.

실로 단 한 번뿐인 생명을 국가권력이 강탈하는 일, 몸서리쳐지는 상황이다. 기록에 전해져 오는 해미 성지의 첫 순교자는 마르티노이다. 그는 순교하면서 유언을 남겼다. "기쁜 마음으로 내 목숨을 천주님께 바치는 거야." 김가연은 마르티노의 또 다른 유언인, "그렇구말구"를 앞서 소개한 그의 디카시집에서 읊은바 있다. 마르티노는 기쁜 마음으로 순교하였다. 심신이 평온하고 안정된 상태에서 느끼는 즐거움이 충만한 감정인 기쁨, '목숨'을 바치면서도 기쁘나는 것이다. 천주의 임재臨在를 확신하였을 것이다. 놀람과 환희가 몰려왔을 것이다. 죽음에 대한 두려운 공포감보다 찬란한 영광으로 몸을 달궜을 것이다. 역설이지만 어찌 기쁘지 않으랴. 구약성경 등장인물인 욥처럼 몸이 병들고 음부에 들어갔을지라도 하느님 말씀에 전적으로 의존하면 구원을 받음에 의지하였을 터, 조선의 초대교회 천주교인들은 그것을 믿고 따랐음을 보여주는 작품이 「자리개질」이다. 그러함에도 당장 눈앞에서는 충청도 각처에서 붙잡혀온 천주교도들을 자리갯돌에다가 「자리개질」하여 죽였다. '내동댕이쳐진 육신'과 '피로 물든 자리갯돌'은 박해 받는 수난의 현장을 생생하게 묘사한 표현이다.

조선의 백성들은 가장 아름다운 조선의 '꽃'이었다. 나라가 꽃을 꺾었다. 그러니 "꽃의 이마에 내려친 채찍/목숨 너머 목숨 밝히는 손"을 가지신 절대자의 쓰다듬는 손길을 느끼며 듣는 "나를 부르시는/당신의 목소리"는 얼마나 안타까웠을 것인가. 김가연은 이를 놓치지 않았다. '목숨 너머'를 바라보는 '목숨 밝히는 손'은 얼마나 떨렸을 것인가. 자기 몸에 부서져 절명하는 목숨을 보는 '자리갯돌'은 얼마나 가슴 아팠을 것인가. 이와 동일한 구조와 서사를 담고 있는 시편이 또한 「진둠벙의 아침」이다. 진둠벙은 천주교인들의 시신에서 진물이 흘러나와 연못이 된 곳이다. 관아에서는 숫제 이곳에 연못을 깊이 파서 천주교인 천여 명을 수장시켰다. 김가연은 이 '진둠벙'을 자주 찾았을 것이다. 홀로 눈물 훔치면서 '진둠벙'이 잠들지 못하고 "밤마다 베껴 쓰는/목숨의 눈빛"을 읽었다. "한 생 다 태울/망루의 바다"는 '진둠벙'에서 죽어간 고혼孤魂들이 모조리 되살아나 "남루 걸치고/지금 어디쯤 오시는지" 손들어 이마를 가리며 멀리멀리 눈을 던지고 있는 모습을 보았을 것이다. 진둠벙은 매일 그런 아침을 그려보며 "곰곰 열어보는/진둠병의 아침"을 다독거린다.

　이들 시편의 소재가 된 자리갯돌과 진둠병은 지금도 그 자리 그 형상으로 살아남아서 서산 해미의 역사를 생생히 증언하는바 김가연 시인의 작품을 통하여 새로이 조명된다. 이밖에도 진둠병과 관련해 "진둠병에 던져진 여린 목숨//차가운 칼날에 찔린 심장//아픔도 고통도 내게 쏟아라//기침 소리 멈추지 않는 목숨의 성지"(「진둠병」 전문)라는 작품이 또 있다. 이렇듯 김가연은 해미 도처에 '목숨'에의 목숨교향악을 이렇게 깊이, 이렇게 멀리, 이렇게 진지하게, 가슴과 가슴 사이사이, 골짜기와 골짜기 사이에 드넓고 심원하게 울려 퍼트림으로써 믿음을 지키다 순교한 백성들의 넋을 따스하게 위로하는 것이다.

　김가연은 특유의 시적 감각으로 순교의 생명, 그 목숨의 길을 줄기차게 '목숨'으로 형상화한다. "나 없는 내가 엇갈린 길을 갑니다//잊어도 된다는 생각을 하기도 했습니다//그래도 나를 버리지 않은 당신//온통 세상이 된 당신//목숨 하나 이끌고 그 길 갑니다//세상 모든 길 다 지우고//목숨 다하여 당신께 갑니다"(「목숨 다하여」 전문), "칼날 같은 세상 끝/매달린 목숨//순교의 몸은/피 흘리는 가시밭길/잘려나간 숨결마다/맨발로 날아온 새//말씀대로 죽는 목숨/호야나무에 걸어두네"(「순교의 길」 전문), "시린 발을 아랫목에 밀어넣고//벗어둔 발자국에 목숨이 쌓였다"(「죽음을 벗어놓고」일부)라고 쓴 시편들에서도 '말씀'에 의탁한 '목숨'이 가는 길을 보여주며, 이 외에도 이루 다 열거할 수 없는 '목숨' 관련 시편들이 하권을 풍성하게 채우고 있다.

    회화나무 살갗에 패인 자국
    봄비로 씻으시고

    불모의 풀밭에
    목숨 꽃 피었다

    꽃이 자랑이 될 순 없지만
    꽃을 피우는 일은 자랑이 될 수 있다

    꽃을 안고
    나는 당신을 생각한다

    꽃을 안고
    내가 당신을 생각하는 것은

    허물어진 성벽을 바라보는
    눈빛 같은 것이어서

    오래도록 나를 헐게 한다
    눅눅한 숲 우물가
    봄을 찢고 피는 목숨 꽃

                                -「목숨 꽃」전문

"폭풍이 부는 들판에도 꽃은 피고/지진 난 땅에서도 샘은 솟고/초토 속에서도 풀은 돋아난다"라고 노래한 시인은 바이런 아니던가. 산목숨을 목매달아 놓던 해미읍성 "회화나무 살갗에 패인 자국/봄비로 씻으시고//불모의 풀밭에/목숨 꽃"을 피우는 새봄이 왔다는 시행은 바이런 풍이다. 유례없는 감염병 재난으로 인류가 위협을 받는 와중에도 새봄은 오고, 해미의 모든 희망과 상처, 그리고 아픔으로 얼룩진 박해의 현장에도 봄꽃이 만발한 신축년(2021년)이다. 해마다 오는 봄이라도 올해의 봄은 특별하다. 올해를 기점으로 해미읍성 축성과 해미읍성의 삶에 관한 이야기, 그리고 무수히 죽어간 해미읍성 목숨의 애환 등을 재정리, 재조명하는 작업이 대대적으로 전개되기 때문이다.

해미읍성에 얽힌 복잡다단한 사연의 전개는 실상 상기 시편인 「목숨 꽃」을 피우기 위한 섭리였음이 김가연의 시 작품들을 통하여 예증되었다. 「목숨 꽃」의 백미는 "오래도록 나를 헐게 한다"는 구절에 있다. 낡고 오래되어 허물어져가는 '나'를 발견하는 일이 핵심이라는 뜻으로 읽히는 이 시행은 시적 화자의 심오한 깨우침에서 나온 것이라 유추할 수 있겠다. "허물어진 성벽을 바라보는/눈빛 같은 것"이라고 한 데서도 보이듯 '나'의 허물어짐이 긴요하다. '나'의 허물어짐은 '나'를 세울 수 있는 '눅눅한 우물가'이며 이것이 다시 '봄을 찢고 나오는 목숨 꽃'으로 변태한다. 결국 피 흘려 고난을 받음은 귀·입·눈이라는 삼보三寶를 정결케 하여 "어두운 길 닦아주는/목숨의 길"(「목숨의 길」일부)을 걸어가 목숨으로 한데 어우러져 꽃 피워내는 「목숨 꽃」, 곧 새 생명의 탄생을 위함이다. 바로 이것이 하권 『생명의 말씀』이 내포하는 대지大旨가 분명하다 하겠다.

5. 결어

   김가연 시문학의 특징은 자유로운 사유에 있다. 사유의 폭이 넓고 심원하며 독창적이다. 김가연의 문학적 성취는 다양한 소재를 관통하는 하나의 주제를 세우고 사유를 통한 질료를 가공하여 문학적 형상화에 지대한 공을 들인다는 점에 있다 할 것이다. 이 시집에서 드러나는 유일의 주제어는 '눈동자'이다. 상권부터 하권에 이르기까지 거의 전편을 통하여 눈동자, 눈빛, 바라봄, 마주함에서 부딪치는 울림의 영상을 쓰고 있다.

     부뚜막의 종지가 깨졌다
     사금파리에 부딪히는 통증 빛났다

     석성을 세우는 등뼈
     긴 울음의 행렬 바라본다

조선의 눈망울 환하게 눈떠 온다
서로의 부름이 되어
바라보는 해미의 눈동자

-「해미의 눈동자」전문

멀고 아득한,
그러나 끝내 가 닿아야 할 당신은
우뚝한 나의 표상입니다

뼈는 삭고 살은 물이 되어도
이십일만구천 날 당신을 마주합니다

깊고 어두운 침묵 속에 계시는
당신은 나의 뿌리입니다

설령 이 길의 끝 알지 못한다 해도
눈비 내 몸 지나간 후에도

청허정 솔밭에 흰 뼈를 묻고
나는 오로지 당신을 기다립니다

-「해미」전문

응시. 한없는 응시다. 김가연은 오롯이 눈 똑바로 뜨고 허공을 쳐다보는 일에 집중하였다. 누가 시켜서 하는 일이 아니다. 이 시집 전편에 얼비치는, 그리고 「해미의 눈동자」 시편에 '환하게' 등장하는 신비의 눈동자가 김가연을 찾아온 것이다. 해미읍성 성벽에서, 진둠벙에서, 성내 탱자나무에서, 물길이 채워진 해자에서, 수병들에게서, 성마루의 영기에서, 흰 뼈들에서, 무덤에서, 여숫골에서, 해미성당에서, 교황의 동상에서, 회화나무에서, 해미읍성 하수도에서 그리고 부뚜막의 작은 종재기에서도 김가연은 분주하게 움직이는 해미읍성의 삶을 응시한다. 그들은 생동하였다. 역사의 일부로 종결된 게 아니다. 역사로 환원되었다. 그들이 바로 오늘을 살아가고 서로를 부름으로써 다시 살아가기 시작하였다. 그리고는 서로 마주 보는 눈동자와 눈동자가 울었다. 「해미의 눈동자」였다. 동시에 「해미」였다.

　이 시집을 독파하면서 새로이 알게 된 점은 해미에 지성을 축성한 것은 조선 백성을 위함이었으나, 조선 후기로 들어서면서 해미와 해미읍성은 무고한 백성을 살상하는 아이러니한 장소로 변질되었다는 것이다. 그러나 이런 일은 치부로만 볼 것이 아니다. 무릇 새 생명의 출현은 언제나 피를 불러왔다. 일례로 아기 예수가 탄생하자 헤롯 왕은 유대 땅의 신생아 수천 명을 죽였다. 예수 그리스도의 존재는 피 흘림의 결과였다. 구원의 주는 오직 피에서 생성된다는 증빙인 셈이다. 이런즉 「해미의 눈동자」에서 '나'라는 시적 화자가 어찌 안 울고 배겨내며, 「해미」에서 어찌 '뼈는 삭고 살은 물'이 되지 않을 수 있겠는가.

이 시집에서 더욱 중요한 울림은 '나'이다. 얼핏 조선국의 통치행위와 천주교 박해라는 조선의 정치행위 등이 부각된 작품으로 보이나 기실 '나'에 초점이 맞춰진 시집이다. 김가연이 부단히 주창하는 '생명목숨' 담론은 여지없이 '나'에게로 되돌아온다. '나'의 응시는 휘황한 '생명', '목숨'을 향한 것이 아니다. 절망이다. 내 눈에 보이는 사물이나 물상을 쓴 것이 아니다. 내 눈에 보이는 것은 실상 보이는 것이 아니다. 비가시성의 세계도 존재한다. 시는 보이는 것만을 재생산하는 것이 아니다. 새롭게 보이도록 만드는 것이다. 김가연의 이번 시집은 숨 쉬지 못하는 절망을 전편에 걸쳐 효과음으로 깔아놓고 있다.

그렇다면 김가연은 왜 절망을 현현할까. 절망을 극복하는 유일한 길은 절망하는 일이다. 종착지는 죽음이다. 이때의 죽음은 종말이나 슬픔의 귀착이 아니다. 행복의 절정이자 새로운 맹아萌芽다. 이 시집은 그것을 말하고 있다. 더 나아가 필연적으로 인간과 신의 하나 됨의 세계인 신인합일神人合一의 체험을 추론하고 있다. 절망으로 죽음에 닿는 '나'는 뭇 존재와 하나 되어야 무한한 행복감을 맛본다는 것이다. 역설적으로 '나'로 여기고 있는 에고ego가 완전히 없어졌을 때를 전제한다. 김가연의 시 작품 요지는 이에 귀결된다. 허허벌판 해미에 처음 탱자성을 축성할 때부터 박해 이후에 이르도록 인간은 누구나 신神이고 하늘이라는 사실을 에둘러 적시한다. 이 시집의 주요 핵심이다. 김가연은 시편들을 통하여 인간 누구나 가지고 있는 순수하고 고귀한 내면의 신성으로 돌아가길 염원한다. 존재의 근원인 천주와 하나 됨에 이르고자 한 순교자와 그들을 포용하고 있는 해미읍성의 무궁한 가치 등을 세세한 삶의 일화로 그려냄으로써 그들이 추구했던 정신을 감동적으로 펼쳐 보이는 것이다.

그리하여 김가연은 그의 눈동자에 백성을 지켜주는 해미읍성의 축성에서부터 박해의 현장으로 바뀌는 역사를 담으면서 세계와 우주의 모든 생명이 하나 되는 절대 평등과 무조건적인 참 사랑의 체현을 갈구한다. 현대 사회의 온갖 불평등을 해소할 수 있는 탈출구의 역할을 모색하는 작품집으로 오랜 응시와 오랜 시간을 궁구하여 『육백 년의 약속』을 썼다. 김가연은 '약속'을 거명했다. '약속'을 내보이며 시인은 그 어떤 사욕이나 집착이 없는 정갈한 '나', 내 속의 자아를 내보인다. 즉 '나'이되 '나'의 이기성과 독단을 초월한 무아의 사랑으로 피로 얼룩진 지배와 착취의 역사가 종식된 약속의 땅을 바라보는 것이다.

육백 년을 살아온 해미읍성은 앞으로 다시 육백 년, 육천 년을 지속하여 해미의 '눈동자'로 함께하며 한반도의 가나안이자 구원의 방주로 그 존재 이유를 갈음할 것이다. 이것이 이탈리아의 여사제女司祭 시빌라처럼 김가연 시인이 홀로 골방에서 애태우며 부르

짖다가 스스로 몰입하여 신성한 피의 제단을 그린 추상화, 『육백년의 숨결을 담다』 시집의 대미大尾이다.

육백 년의 숨결을 담다

1판 1쇄 발행 2022년 10월 6일
지은이 김가연
발행인 유병인
펴낸곳 도서출판 가야
주소 충남 서산시 연당1로 3-6
전화 041-667-6400 | **팩스** 041-667-7458
전자우편 printgaya@hanmail.net
등록 제 13-05-11-34호
ISBN 978-89-91225-53-4 03810

*이 책에 실린 글의 권리는 저자에게 있습니다.